JN059078

進化する
児童相談所

地域とともに歩む
アウトリーチ型の連携・協働をめざして

平野 恵久
Hirano Yoshihisa

明石書店

はじめに

　この本は、歴史的経過を踏まえ、今もなお変化し続ける、というよりも、進化し続ける激動期の児童相談所の姿を映し出したものである。そして、執筆の原動力となったのは児童虐待の防止であり、あまりにも様変わりした大都市（政令指定都市、東京都特別区）における児童相談所である。

　2000年は我が国の福祉制度にとって節目の年であった。少子高齢化が進む中で高齢者福祉については「介護保険法」が施行され、児童家庭福祉にとっては「児童虐待の防止等に関する法律」が施行された。同じ家庭内の問題ではあるが介護保険制度は超高齢社会において多くの家庭に関係する介護の問題を社会全体で支える必要があるとして制度が定着し活用されている。一方、児童虐待については三世代同居が少なくなる中で、子育てについて家族が全員で支える機能や地域で見守る目は薄くなっていった。

　子育ては難しく労力のかかる仕事である。母親一人に任せられることではない。それはいつの時代でも同じことだ。しかし、この二つの制度は、介護の孤立化と子育ての孤立化から生じる問題をどのように社会全体で解決し支えていくかという重要なテーマを担っている。後者については、同じ家族内の問題であってもなかなかオープンにはできず、今もって「虐待死事件」という痛ましい結末をもってメディアが大きく採り上げる社会問題となっている。法制度の改正が幾度となく行われても依然として解決の糸口が見えてこない。人々は、児童虐待は一部の家庭に起こる特殊な問題であって、介護とは異なり「我がこと」のようにとらえることができない。

　こども家庭庁によると、令和4年度中の児童相談所における児童虐待相談対応件数は219,170件（速報値）に上っており過去最多となっている。これ以外に市町村等への相談を含めると相当な件数に上ることは確かである。

3

大きく変貌した児童相談所の相談内容、相談システム

　児童相談所は長い間、子どもの「よろず相談所」であった。そのことは後述する児童福祉必携（昭和27年）のなかで挙げられている相談例と現在の相談内容を比較してみれば一目瞭然である。かつて児童福祉法第15条の2において児童相談所の業務は「児童に関する各般の問題につき、家庭その他からの相談に応ずること」と規定され様々な相談を受けていた。児童福祉法の改正により、児童相談所の役割が市町村の後方支援にシフトした現在も相談の間口は同じであるが相談の多くは虐待を含む養護相談が多数を占めるようになってきている。そこで、児童相談所における相談事例の変遷をたどっていくと、時代の要請に応じて相談の内容が変化していったことが分かる。

　長い間、相談は待っていれば向こうからやってくる。待ち構えていればよかった。虐待の相談もなくはなかった。養護相談といえばかつては本書の事例として示した家庭のやむにやまれぬ事情から、子どもを育てることができなくなった事例が多くを占めていた。しかし、昭和から平成に元号が変わるころから児相における相談が変わり始めたのである。国は平成2年度から児童相談所の児童虐待相談対応件数を取り始めたが、増加傾向が続き、近年は件数が急増し現在20万件を超えるに至ったことは先に述べたとおりである。

　国や自治体はこの虐待防止に様々な手段を講じてきた。そして色々な意味で家庭に公的な機関が介入している。その代表例は虐待通告による介入である。これは公権力の強制的な介入といってよいだろう。一方これとは別に在宅での子育て支援をアウトリーチするシステムを特に大都市部の児相を中心にとり始めている。言ってみれば「かゆいところに手を届かせる」「おせっかい型」の児童相談スタイルである。このことが行われているのは主に東京都特別区や政令指定都市の児相で守備範囲が限られていることもある。また、支援についても様々な方法に取り組み始めた。

　かつては児相で行われている治療指導と言えば、親のカウンセリングと子どものプレイセラピーと情緒障害児の夏季キャンプしかなかったといっても過言

ではない。しかし、現在は様々な方法が保護者支援プログラムの中にも取り入れられ、家族再統合プランを立てて実施している。また、要保護児童対策地域協議会が地域の見守りとして機能し始めている。児童相談は児相だけが引き受けるのではなく、総合的に行うものだ、ということも分かってきた。このため、子育て支援から児童虐待までがつながった。その仕組みをつくったのは東京都においては子ども家庭支援センターであり、児相を含む相談のセンター化である。逆に言えば、児相は単独で機能することはもはや限界に来ているということをあらわしている。児相はあまりにも多くの役割を引き受け、担わされてきた。こういった児相機能は子育て環境に応じて単に「変化せざるを得なかった」として捉えるのではなく試行錯誤を重ねながら自ら改革し「進化」したものととらえるべきである。

　国は平成28年に児童福祉法等の一部を改正する法律を成立・施行した。その概要は「全ての児童が健全に育成されるよう児童虐待について発生予防から自立支援まで一連の対策の更なる強化等を図るため、児童福祉法の理念を明確化するとともに、母子健康包括支援センターの全国展開、市町村及び児童相談所の体制強化、里親委託の推進等の所要の措置を講ずる」として、以下を挙げている。

（1）児童福祉法の理念の明確化等
（2）児童虐待の発生予防
（3）児童虐待の発生時の迅速・的確な対応
（4）被虐待児童への自立支援

　この法改正をベースとして「社会的養護の課題と将来像」に代わって「新しい社会的養育ビジョン」が示され「子どもが権利の主体であること」「家庭養育優先の理念が規定されたこと」が強調されている。
　この本ではこのことを踏まえて上記の（1）〜（4）における児童相談所とその関連する機関が現在に至るまでどのように対応してきたかをいくつかのテーマ

を選んで重点的に記述したものである。そこでまず、進化を遂げてきた児相について私なりにその歴史を紐解いてみた。過去をたどらないと現在の置かれている状況が分からないからである。

　最初にお断りしておくがこの本はまた、虐待の病理と治療論を主なテーマとしたものではない。ただし、第12章の「児童虐待を依存症ないしはアディクションと捉えた場合のケアのあり方」のなかで若干の考え方を示した。メインは児相が取り組むべき喫緊の課題と現状をリアルに伝える中で提案できることを模索したものとなっている。前半は戦後、児童福祉法の下に児童相談所が各都道府県等に設置され、公的機関として児童相談をオールマイティに行ってきた期間をある自治体（埼玉県）を例にとり簡単にその経緯を説明した。後半は児童虐待通告・相談が急増し明らかに転換期に差し掛かっている現代の児相を含め児童相談諸相にスポットを当てた内容になっている。話の中心は「家族再統合」と「児相のセンター化」に絞った。児童虐待防止のために、児相はなぜこれほどにまで変わらなければならなかったのか、そして進化しているのか、最後まで目を通していただければご理解していただけると思う。

　また、この本の特徴として、私の撮った画像、提供された画像、図表を多く掲載してあることだ。これは一般読者を意識し、児相とはどういう機関なのかをわかりやすくするために挿入したものである。そして、第Ⅱ部は現状をリアルに伝えるためにルポ形式で筆を進めた。文中では既に使用しているがいちいち「児童相談所」と標記せずに簡便に「児相」と表記し読み進めやすいようにした箇所が多々ある。ご了解願いたい。

進化する児童相談所

地域とともに歩むアウトリーチ型の
連携・協働をめざして

目　次

児童相談所とは、児童相談所の現状

　児童相談の中心となる機関は昭和22年に法律が成立し、翌23年から施行された児童福祉法に定められている児童相談所（以下、必要に応じて「児相」と表記する）である。

　児童相談所の設置数は、第3回全国児童相談所心理判定セミナーの報告書（昭和48年5月）によると発足当時の昭和23年は92か所であった。それが令和5年4月1日現在、全国に児相は232か所（支所等は除く）設置されている。随分、増えたと思うかもしれないが、報告書には「当面の目標200か所」との記述があり、目標達成には長い時間がかかった。児相は単なる子どもの相談機関ではない。戦前にも「児童相談所」あるいはこれに類する名称の相談機関があった。私立の相談機関では当時としては物価等と比べて高い相談料を必要としたこともあり、利用者が限られるため続かなかったのである。これに対して昭和8年の児童虐待防止法の施行に伴い民間の相談（というよりは虐待事案をキャッチして介入する）機関として現在の児童相談所に代わる「児童擁護協会」が東京などにつくられた。

　公の機関として戦後再スタートした児童相談所は誰でも相談が無料でできると同時に他の相談機関と大きく異なる2つの権限を持っている。一つは問題のある子ども（特に虐待の場合は、問題の多くは保護者やそれを包括する家庭）を一時的に保護者の元から離して保護する機能である。もう一つは、保護した子どもを児童福祉施設や里親に措置したり、委託することである。いずれも行

政処分として児童福祉法等に基づいて行われる強い権限を持っている。

　児童相談所の組織は、私が入職した昭和47年当時の埼玉県中央児童相談所では、庶務課、相談課、判定課、措置課、保護課の5課体制であった（32頁参照）。しかし、現在の埼玉県の児童相談所は人員増はもちろんのこと、組織が相当複雑になっている。建物や各部屋の構造は容易に変えられないので、ある児相では所長室を総務課の部屋に変えたり、敷地の一角に増築しているところもある。また、空いたスペースを相談に携わる職員の事務室にしている。それでもぎっしりと事務机が占めており、身動きが取れない状況となっている。所長はこういったオープンスペースの一角で仕事をしている有様である。

　児童相談所では、毎日のように虐待通告で電話等が寄せられる。ある児童相談所に訪問したときのことである。所長から説明を聴いている最中、二度にわたって職員が来て緊急受理会議（後述する週1回の定例受理会議を待てない場合開催される）を今から始めるということで、中断したことがある。私の経験では一日複数回、緊急受理会議が開かれることはあったが、わずか1時間の間に立て続けに行われることには驚いた。

　現在の児相はまさに戦場である。相談部門は専門職としての児童福祉司（ケースワーカー）、児童心理司、嘱託医（精神科、小児科）そして、一時保護所には、保育士、児童指導員、看護師、心理担当職員、学習指導員、調理員などの多職種が配置されている。このほか、多くの児相では、医師（常勤の児童精神科医）、最近は警察官（OBを含む）、弁護士が配置されている。相談の多くは最初、電話によるものであるが、ファックスやメールで送られてくることもある。もちろん、予約なしに突然の来所で相談が始まることもある。このほか、各機関から文書で依頼されることも多く、特に非行ケースについては警察からの通告により相談が始まる。時には身柄付通告という形で（児童本人を警察官が連れて）送られてくることもある。

　相談の種類は大きく分けて養護相談、非行相談、障害相談、育成相談、保健相談、その他の相談等に分かれているが、近年は児童虐待の相談や通告の増加にともない、養護相談が急増している。厚生労働省の「福祉行政報告例」によ

る近年の児童相談所における相談の種類別対応件数によると次のとおりである。平成30年度中の児童相談所における相談の対応件数は504,856件となっている。相談の種類別にみると、「養護相談」が228,719件（構成割合45.3%）と最も多く、次いで「障害相談」が188,702件（同37.4%）、「育成相談」が43,594件（同8.6%）となっている。また、「養護相談」の構成割合は年々上昇している。

表0-1　児童相談所相談対応件数

年度	H26	H27	H28	H29	H30	増減数	増減率(%)
総数 構成割合	420,128 100	439,200 100	457,472 100	466,880 100	504,856 100	37,976	8.1
養護相談	145,370 34.6	162,119 36.9	184,314 40.3	195,786 41.9	228,719 45.3	32,933	16.8
障害相談	183,506 43.7	185,283 42.2	185,186 40.5	185,032 39.6	188,702 37.4	3,670	2.0
育成相談	50,839 12.1	49,978 11.4	45,830 10.0	43,446 9.3	43,594 8.6	148	0.3
非行相談	16,740 4.0	15,737 3.6	14,398 3.1	14,110 3.0	13,333 2.6	△777	△5.5
保健相談	2,317 0.6	2,112 0.5	1,807 0.4	1,842 0.4	1,644 0.3	△198	△10.7
その他の相談	21,356 5.1	23,971 5.5	25,937 5.7	26,664 5.7	28,864 5.7	2,200	8.3

※上段は件数、下段は総数に対する構成割合（%）。増減数、増減率は対前年度。

出典：平成30年度福祉行政報告例の概況　結果の概要　表11児童相談所における相談の種類別対応件数の年次推移より筆者作成。増減数，増減率は対29年度である。

　相談は受付相談員（多くが相談のベテラン）がインテーク（初回面接）を行う。インテークで把握した相談の内容や問題点などを毎週開かれる所長以下関係職員が出席する受理会議において、児相としてのアセスメントを行い、それに基づいて方針を出し担当者を決めていく。

　相談は1回から2、3回程度の短期で終了するものもあれば、数か月あるいは数年かけて終わるものもある。相談の方法は保護者との間で取り決めを行い、例えば、週1回定期的に児相に親子が通い（通所と言う）問題を解決していく。これに対して、「児童福祉司指導」という行政処分を行って指導を行う場

合がある。一時保護所の役割について、かつて、児童相談所執務必携（現・児童相談所運営指針が該当）によれば、緊急保護、行動観察、短期治療の3つが挙げられていた。現在は、被虐待児の緊急保護が中心になっている。

　児童相談所における基本的な相談の流れ図を描いてみると次のとおりである。

図0-1　児童相談所における相談の流れ

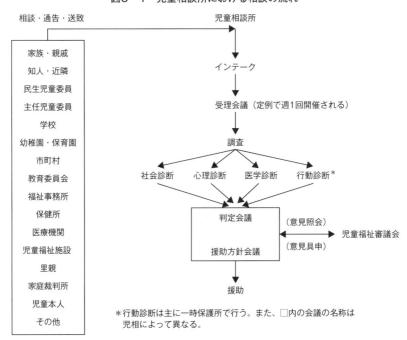

出典：埼玉県及びさいたま市児童相談所業務概要等より筆者作成。

虐待通告による対応（ある自治体の例による）

　虐待相談の場合は、近隣からの電話による通告が多く寄せられる。通告者の匿名性は守られているので、電話を受ける相談員は必要な情報をできる限り漏れなく聞き取ることを要求される。虐待通告があれば、定例の受理会議を待たずに、直ちに、所長以下関係職員が緊急受理会議を開いて通告内容の確認と情

報の共有を行った上で、方針が決定される。幼稚園、保育園、学校に通学、通園していなければ、児童の安否確認は基本的に複数の職員が、場合によっては管内の自治体の担当職員が同行して家庭訪問により本人の状態を確認する。

　児相は今、虐待通告を受けてから原則として48時間以内に子どもに対する目視による安否確認を行っている。保育所や学校に通っていて、緊急に保護を必要とする場合は、その場で保護をして、その後、保護者に連絡を取り保護をした理由を告げ、児相に来るよう伝える。保護者は突然の事態に動揺する。虐待などしていないのに何故、勝手に子どもを保護したのか「返せ」といって児相に来て、詰め寄る親も少なくない。なかには「児相が勝手に保護をしたのだから自分は知らない、後は児相の責任で処理してくれ」と言って来所を拒む保護者もいる。また、保護をした後も返せと言って、何度も児相にきて騒ぐ、半日近く、電話をして抗議する場合もある、近年は、不服申し立てをしたり、弁護士と相談して訴訟に持ち込むケースなどもある。ただでさえ、多忙な業務が一時的にストップしてしまうことも稀ではない。

　ちなみに、保護先は児童相談所の一時保護所ばかりではない。定員等の関係で施設（児童養護施設、乳児院等）や里親に一時保護委託を行うこともある。

　一方、通告を受けたケースの進行管理をきちんと行わないと、次々と通告や相談がある中で、ハイリスクケースを見逃してしまうことになる。365日、常に緊張を迫られる。一時保護をする場合は所長の了解を得ることになっているので、所長は所外においては携帯に連絡がないか気に留めていないといけない。埼玉県児相は交替で勤務時間をずらしていた。例えば、勤務開始時間の午前8時30分からと9時30分からのように。私は、いつも8時30分から早くて午後6時まで児相に勤務していた。緊急一時保護をする場合は、保護が完了し、保護者が来所し説得に応じたと確認できるまで所長室に待機していた。退庁が午後9時、10時になることもあった。また、担当職員は記録を書く時間も必要なので、残業は常態化している。場合によっては休日出勤も行っていた。相談に携わる職員一人ひとりが相当精神的にタフでないとできない。このため、志を高く持って難しい公務員試験の福祉職を突破してきた優秀な職員が職務の多

忙さと困難性に耐え切れず、バーンアウトしたり、リタイヤする職員も出てきている。このため、首都圏の自治体のなかには増員や補充のために「児童福祉司」としての資格を有する人材を「福祉職」とは別に募集しているところがある。

　何故、このような児相になってしまったのだろうか。まず、最初にその歴史をたどってみることで理解をしやすくすることにする。時代により児童相談所で受ける相談はどのように変わっていったのだろうか。私が在職していた埼玉県を中心にとり上げていくことにする。

第Ⅰ部

児童相談所小史

第1章
戦後から現在に至るまでの
児童相談所と児童虐待の変遷

　戦後、児童相談所は児童福祉法により全国の都道府県に設置された。児童福祉法が成立する直前の児童保護に関する状況はどうなっていたのか。

　三宅守一によれば、厚生省児童局の資料では育児保健相談所110か所、浮浪児保護対策による児童相談所7か所、少年教護院附設鑑別所19か所、市町村、私人の経営する教護相談所、育児相談所31か所の計167か所あった。具体的な取り扱い人数としては、東京中央児童相談所1,407人、神奈川県児童相談所415人、愛知少年鑑別所312人、大阪児童相談所1,350人、兵庫県立児童相談所1,661人、福井県立少年指導相談所135人、和歌山県少年鑑別所118人となっている。彼はこの中で、大都市における児童相談所は主に浮浪児を対象としていたものであると述べている。

　時代の流れに沿って児童相談所がどのような相談を受けて来たのか、その中で児童虐待とどのようなかかわりを持っていったかを知る文献・資料は次のとおりである。

（1）厚生省報告例等国で出している統計資料
（2）埼玉県児童相談所業務概要、同5周年記念號及び25周年記念誌
（3）児童相談事例集（厚生労働省（厚生省））
（4）国の児童相談所業務マニュアル（児童福祉マニュアル、児童福祉必携、児童相談所執務必携、児童相談所執務必携（改訂版）、児童相談所執務提要、児童相

談所運営指針）

（5）事例

　まず、（1）～（3）を手掛かりに時代を振り返り、（4）（5）で別の角度から児童相談所の活動内容を読み取ることとする。

1.1 第1期：戦災孤児・浮浪児及び非行児対応に追われた時期（昭和20年代）

　当時の社会状況からして、戦災孤児・浮浪児等の保護が児童福祉司の取り扱い件数として多岐を占めるが、継続的に指導を要する事例としてはこういった厳しい環境に置かれた児童が起こす非行であった。いずれにしても、戦後の生活状況が厳しい時代を反映して、子どもたちが置かれた状況が統計的にも読みとれる。戦後間もないころの児童福祉関係の統計は次のとおりである。

表1－1　児童福祉司活動状況表等（昭和23年度、昭和26年度）

（活動件数）

種別 年度	孤児	棄児	迷児	貧困 家庭児	不就学児	被虐待児	いわゆる 身売り児	浮浪児	要教護児
S23	2,522	312	275	9,146	8,927	1,088	367	3,629	10,085
S26	4,105	659	3742	25,548	9,835	2,360	675	2,683	33,052

精神 薄弱児	盲児・ ろうあ児	肢体不自 由児	虚弱児	乳児	妊産婦	保育所 入所適当児	母子世帯	その他	計
1,604	460	583	1,011	1,7201,	1,234	2,672	3,232	3,347	52,214
3,915	2,217	3,050	1,744	3,816	2,011	10,019	4,686	13,218	123,135

出典：昭和23年度は厚生省「ケースウォーク事例集」巻末の児童福祉司活動状況表、
昭和26年度は児童福祉司取扱件数による。

　確かに、被虐待児の件数が報告されていたが、それ以上に貧困家庭児、不就学児、孤児、浮浪児などが多く、とりわけ、要教護児と言われているスリ、かっぱらい、置き引きなどの子どもの犯罪が横行していた。これもみな貧しさゆえ、生きていくための手段としてとらえられていた。そういった時代背景の中

で、国の施策は、虐待よりも戦災孤児、浮浪児等の保護と、子どもたちが引き起こす非行への取り締まりに追われていた。また、「いわゆる身売り児」の項目があるのも特徴的である。ちなみに、この本を書くために調べていた昭和43年度の埼玉県中央児童相談所児童相談概要の統計の中に「いわゆる身売り児」という項目が見つかった。この頃といえば、我が国は、高度経済成長期の真っただ中であるはずだが、こういった統計項目が残っていたとは驚きである。残念ながらそれ以前の概要が見つからないので遡る過去の数字がどうであったのかはわからない。ちなみにこの年の統計では0件であったのは幸いである。

　また、埼玉県児童相談所業務概要をみると、昭和23年度から30年度にかけて非行相談件数が増えていることがわかる。この時期は、児童相談所は各都道府県に設置されたが、まだ態勢や機能があいまいでその果たす役割は十分ではなかった。そのため、GHQはカナダからA・K・キャロル氏を日本に派遣し各地の児童相談所を巡回しながら事例研究を含め、指導を行ったことにより、相談部門、判定部門、措置部門、一時保護部門の骨格が出来上がっていった。また、児童福祉司は福祉事務所と児童相談所に配置されていたが、これを児童相談所の中に配置し、児童相談所の職員として活動することにより、児童相談所の充実強化を図った。当時の様子については次のとおりである。

表1-2　児童福祉司の配置状況（昭和28年）

中央児童相談所管内	配置機関
北足立郡　中央児童相談所	中央児童相談所
浦和市、大宮市、川口市	中央児童相談所
入間郡、川越市、所沢市	入間福祉事務所
南埼玉郡、北葛飾郡	埼葛福祉事務所
熊谷児童相談所管内	
大里郡、熊谷市	熊谷児童相談所
秩父郡、秩父市	秩父福祉事務所
比企郡	比企福祉事務所
児玉郡	児玉福祉事務所
北埼玉郡、行田市	北埼福祉事務所

出典：1953年（昭和28年）「児童福祉のために」児童相談所紀要5周年記念號より。

この記念號の中に、ごく初期の児童相談所の姿が記述されている。それは冒頭で「児童相談所五ヶ年の歩み」として次のことがエピソードをまじえ記されている。

　　「浦和市郊外の二度栗山に、浦和児童相談所と附設一時保護所とが設置され、23年4月から仕事を始めた。ここにはかつての鉱泉旅館で、戦争中会社の寮となり、終戦後浮浪児収容施設になっていたもので、収容室数8、割合に広い部屋を持ち収容能力は一応充分であった。当時は戦争浮浪児の横行時代で、大宮署などから、トラックで11、2歳から、18歳位までの強者が送り込まれる。児童福祉法は浮浪児対策みたいなような観を呈していた。それは東京の北門に当たる埼玉県故、電車の終点大宮を控えていた地理的環境がそうさせたことだろう。」

　そして一般の人にはどういう仕事をする所かもわからず、だから一般の相談は殆どないと記されている。児童相談所の業務は児童福祉法の15条の2に規定されている。それは「児童の各般の問題について家庭その他からの相談に応じて、児童及びその家庭について、必要な調査と医学的、心理学的、教育学的、社会学的及び精神衛生上の判定を行って、これらに必要な指導を行うこと」となっているが、当時は不良化した子ども、浮浪児、棄児などを取り扱うところという観念が世間にも浸透していたと記されている。しかし、当時から業務の遂行に当たって職員の専門性の向上のため、職場内の研修が行われていたことは特筆すべきことである（表1－3参照）。

表1-3　児童相談所内での職場研修科目

研修科目	実施者
性教育について	
性教育について	医者の立場から
教護児の取り扱いについて	
精神衛生	医学博士
臨床心理	
精神分析	
精神分析	医学博士
遺伝ついて	医学博士
子どもの精神病について	
精神病について	
自律神経について	医学博士
肢体不自由児について	医学博士
幼児の病気について	医学博士
新民法について	
クレペリン内田作業素質検査について	
アメリカの里親について	
指紋について	

出典：1953年（昭和28年）「児童福祉のために」5周年記念號　埼玉県中央児童相談所より

　結局、昭和8年に制定・施行された児童虐待防止法は廃止され、児童福祉法第34条の子どもに対する「禁止行為」に引き継がれた。そのことが第65条と第66条に記されている。この第34条だけを見ると、現代社会においていまだに子どもに「曲馬、かるわざ」をさせてはいけないと規定されている化石のような条文である。

○児童福祉法第65条

児童虐待防止法及び少年教護法は、これを廃止する。但し、これらの法律廃止前に、なした行為に関する罰則の適用については、これらの法律は、なおその効力を有する。

○児童福祉法第66条

児童虐待防止法第2条の規定により、都道府県知事のなした処分は、これをこの法律中の各相当規定による措置とみなす。

当時の児童相談所の組織は次のように記されている（図1-1）。

図1-1　児童相談所の組織図（昭和28年）

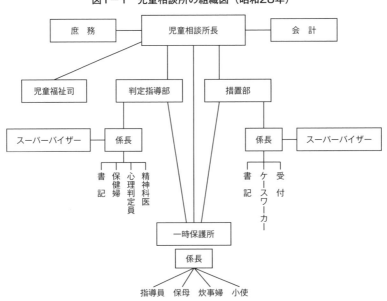

出典：埼玉県中央児童相談所（1953）『児童福祉のために（児童相談所5周年記念號）』.

○児童相談所発足当時の写真

（埼玉県『児童相談所紀要 児童相談所25周年記念』昭和47年4月）

1.2 第2期：個別の指導や治療に目が向けられていった時期（昭和30年代）

　初期においては、「要教護」に関する事例が多いが、世の中が戦後の混乱期を脱して落ち着いてきたことにより、登校拒否など、問題視される場面が学校に移っていった様子がわかる。また、これに関連して集団場面での困った行動として注目される「緘黙児」の事例があげられており、「子どもの神経症」についても扱われている。

　非行相談については、次第に減少していくが、代わっていわゆる登校拒否をはじめとする非社会性に関する相談が取り上げられるようになっていく。

○児童福祉白書について

　1963年（昭和38年）に、『児童福祉白書（厚生省児童局編）』が児童福祉法制定15周年記念として発刊された。

　この中で、まず「序　児童福祉問題の展望」において、児童福祉制度が整いつつもなお残された課題がいくつかあることを指摘している。

　戦後の混乱期を乗り越え、高度経済成長期に入って児童福祉が充実してきて我が国は「子ども天国」と言われているが、一方、足元を見ると様々な問題が表出してきている。それは「児童の非行事犯、情緒障害や神経症、自殺その他による死傷の激増、婦人労働の進出傾向にともなう保育努力の欠如、母性愛の喪失、年間170万件〜180万件と推計される人工妊娠中絶等の増加現象」が見られることであり、その原因として、「児童を取り巻いている家庭とか社会環境に対する配慮が乏しきに過ぎた」と指摘して、古い家族制度が崩壊し新しい家族制度の土台を社会的に保障するという施策を強力に推進する必要性を説いている。

　この白書が出版された意味は、世の中全体が戦後の復興から立ち直りを見せ、高度経済成長期に向かっていくという時代の節目に当たって、ようやく、我が国

の福祉制度が保護や金銭給付という施策を見直す時期にきたということだろう。

　その中で、白書が第一に取り上げたのは、児童虐待ではなく、母子保健上の問題点であった。妊産婦の死亡率、乳幼児死亡率、乳幼児の体位等が他の先進諸国に比べて遅れていたということであり、この問題を早急に解決しなければならなかった。このために、児童福祉法の中に記載されていた条項に母性の健康保持増進に関する条項等を加えて独立した法律として整備し、「母子保健法」がつくられた。こういった時代背景の中で児童虐待はどのように扱われていただろうか。

　児童虐待について唯一触れているのは、「そのⅠ　児童福祉に関する問題点とその背景」の「第3節　家庭養育における障害」の中で「保護者があっても、その十分適切な監護を受けられないという状態は、父母の離別、長期疾病、廃疾、性格に問題があること、長期拘禁、就労のためなどにより生じ、更に虐待されている場合もある。例えば保護者が児童に対し、児童福祉法によって禁止されている行為をしている状況については、現在のところ明らかではないが、昭和36年において、児童福祉法に触れる疑いのある者は617人となっている」と記述されている。ここでいう、児童虐待とは児童福祉法第34条に定める禁止行為を念頭にカウントしているようであり、件数としても現在とは比較にならないほど少なく、虐待に対する考え方がまだ、戦前及び戦後初期のとらえ方に依っていると推察される。

　昭和30年代中盤の児童福祉の課題は、この白書を見ると明らかなように第一に欧米先進国に比べ母子保健の分野が遅れていることに注目が集まり、また、その他の児童相談ではようやく、性向、しつけ、適性、長期不就学といった様々な分野の相談が持ち込まれるようになっていった。しかし依然として、触法・教護のいわゆる非行相談が児童相談所として対応しなければならない相談であることが分かる。ちなみに、戦後非行件数の第二のピークは昭和39年である。

　ではなぜ、児童虐待は児童福祉の表舞台から一時的にでも消えてしまったのだろうか。戦後の統計が示すように戦災孤児、浮浪児対策に追われていたため

虐待が忘れられた。それに加えて、児童虐待防止法が廃止され児童福祉法第34条に引き継がれることになってしまった。他の虐待行為を受けた児童は要保護児童として一括して扱われるため、家庭内で起こる不適切な養育は発見されにくくなってしまった。児童虐待防止法は存続しておくべきではなかったか。もちろん戦後も「児童虐待」はあった。それを象徴するものの一つに美空ひばりが昭和26年に歌ってヒットした「越後獅子の唄」である。この唄は「児童福祉法第34条」を表している。また、統計項目には「いわゆる身売り児」が残っていた。つまり戦前の虐待のある部分は引きずっていた時代であったとも言える。更に20年代から30年代にかけては「貧困と虐待、その結果としての不良行為」が結びついていたことが事例集から読み取れる。したがって、昭和30年代は決して「児童虐待空白」の時代ではなかったが児童の権利擁護は児童憲章の制定だけでは不十分であったと言える。現代のように人権意識が発達した時代において虐待は再びクローズアップされることになる。

　戦後初期から昭和50年代における虐待事例は、児童相談所のケースワーク事例集に散見される。

　児童のケースワーク事例集において、昭和24年第1集「厄介者が帰ってきた（被虐待児童の事例）」、昭和26年第3集「被虐待児のケース」、昭和33年第10集「被虐待児とその親子関係の調整」「昭和34年被虐待盲目児の更生」、昭和43年第20集「冷遇虐待児の観察指導」、昭和49年児童相談事例集第6集「児童虐待を未然に防止し指導した事例」、昭和50年第7集「被虐待児を関係機関の協力により措置した事例」「母親が養育を放棄した異父兄弟妹の事例」が報告されている。

1.3 第3期：知的障害児等の支援を中心とした障害児の在宅サービスに直接、児童相談所が関与していった時期（昭和40年代から50年代にかけて）

在宅の障害児に次第に福祉の手が差し伸べられるようになっていった。障害

埼玉県中央児童相談所（外観）（埼玉県『児童相談所紀要 児童相談所25周年記念』昭和47年4月）

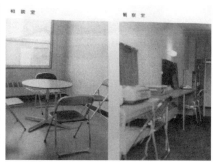

観察室は集団プレイルーム、個人用プレイルームを分ける真ん中の部屋で両側がワンサイドミラーとなっており、プレイルームでセラピィを行っている場面を見ることができる。当時としては最新の設備を誇っていて見学者も多かった。

埼玉県中央児童相談所（集団遊戯治療室、相談室、観察室）（埼玉県『児童相談所紀要 児童相談所25周年記念』昭和47年4月）

をもつ子どもの養育者に特別児童扶養手当が支給され、知的障害児に対しては療育手帳制度が始まったのもこの時期からである。児童相談所において障害児に対して福祉制度の利用のために判定でかかわるようになった。また、三歳児健康診査が始まり、しつけの相談から発達の遅れがある子どもの相談を受けることにより、継続して家庭児童相談室あるいは児童相談所が相談に乗るようになっていった。

　同時にそれまでは主に母親が障害をもつ子どもを家庭内で養育し孤立していたが、次第に地域の中で声を上げていくようになる。私がちょうど児相に入職した当時であり、子どもたちが大きくなるにつれ、就学の問題にぶつかり、障害が重い子に対し、児相において就学猶予、就学免除の証明書を発行していた。また、施設入所中で年齢超過した重度の障害をもつ子どもの施設措置の問題が出てきた。つまり、成人の施設が足りなかったので18歳を過ぎても児童福祉施設の中で措置延長という手続きをとって在籍させた。そういった障害をもつ子どもたちの親を含めた援護の場が必要となっていく。その一端を担っていたのが埼玉県の場合、児相内でのグループ指導であり、それの発展過程として、地域において様々な母子通園施設や通園施設がつくられていった。さらに健常児との混合保育としての障害児保育を行う自治体（上尾市、川越市）ができた。

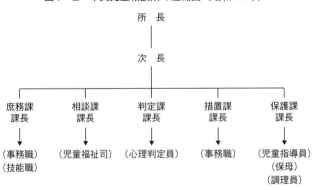

図1-2　中央児童相談所の組織図（昭和47年）

＊このほか、嘱託医（小児科、精神科）が配置されていた。

1.4 　第4期：情緒障害児への対応を行った時期（昭和50年代から60年代にかけて）

　厚生労働集計によると健全育成相談件数は昭和30年代に入って徐々に増加し、埼玉県においても児童相談所の統計でこのうち、性向相談は昭和40年代に入り増加し、昭和50年から52年にかけて急増している。情緒障害児とは、本人の性格に加えて母子関係や家族関係の中で精神的な問題を抱えた子どもで、幼児においては、落ち着きのない子、友達と遊べない子、場面緘黙、食欲不振、夜尿、遺尿・漏ふん、失禁、チック、吃音、抜毛などあらゆる神経性習癖を持つ子、年長児においては登校拒否、家庭内暴力、ひきこもりといった主に非社会性が問題となって様々な行動を示す子どもたちのことをいう。

　児相では主年少児に対してはプレイセラピー、年長児に対しては箱庭療法、カウンセリングを中心とした心理療法がおこなわれた。このため、児童相談所の「クリニック機能」を発揮することが求められた。昭和52年に埼玉県では「情緒障害児治療指導合宿訓練」が始まる。これは、先に述べたように年々増加傾向にある登校拒否児をはじめとした情緒障害児に対する指導の一環として子どもを連れて夏季キャンプを行ったもので児童相談所におけるグループワークの代表的なものである。このような取り組みは全国の児相で行われるようになっていった。

1.5 　第5期：被虐待児が注目され、児童相談所の緊急対応ばかりでなく機関連携や協働を行う時期（平成12年以降）

　厚生労働省が平成2年から児童相談所への児童虐待相談対応件数の統計を取り始め、その後、平成12年に「児童虐待の防止等に関する法律」が施行され、さらに件数が増大していることは周知のとおりである。

　特に平成11年度から虐待相談通告の急激な増加がみられ、中には、虐待死

33

に至る事例が発生し、児童相談所の対応が遅いなどの理由をマスコミに取り上げられたことから世間の批判を浴びるようになった。そこで、児童の安全を確保するため、相談は受け身ではなく、積極的に「介入する」という形をとるようになった。具体的には、通告があってから48時間以内に家庭、保育園、学校等で児童の安否を目視により確認する、場合によっては、保護者の同意を得ずに児童を一時保護するなど積極的に行政権限が行使されるようになった。児童相談所の相談の姿勢が根本的に変わっていったのである。

しかし、この結果、保護者との軋轢が多く生じ、児童相談所はその対応にも追われ苦慮する結果となったことは現在まで続いている。

また、児童相談所だけでなく地域における様々な関係機関との連携や協働を行い、児童虐待についての理解を積極的に進めていった。例えば、各地で「虐待防止ネットワーク会議」が開催され、これは後に児童福祉法で要保護児童対策地域協議会へ法定化される。しかし、まだこの時期においては介入して子どもの身の安全を確認し、身柄を保護することが中心であり、その後のケア、特に家庭復帰のプロセスについての共通認識やプログラムができていなかった。各担当者の判断に多くは任されていたため、親の強い意向に押されて家庭に返

図1−3　児童相談所の組織図（平成元年）

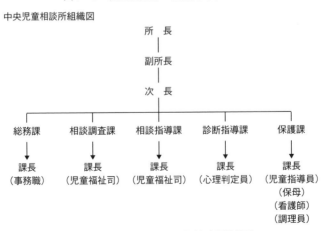

中央児童相談所組織図

出典：埼玉県『平成元年度 埼玉県児童相談所業務概要』.

した結果虐待が再発し、重大事件に発展することがしばしばあった。

　このため、国は「児童虐待等に関する児童福祉法の適切な運用について」（児発第434号平成9年6月20日）を厚生省児童家庭局から都道府県知事及び指定都市市長に、児童虐待等に対する迅速かつ適切な対応を行うよう通知している。その内容の骨子としては、(1) 保護を要する児童とは、(2) 法第25条に基づく要保護児童発見者の通告義務について国民への周知徹底、(3) 法第29条の立入調査の運用、身分証明書の携帯、関係機関の協力等、(4) 児童の迅速な保護、(5) 施設入所措置等の留意点が記載されている。

1.6 第6期：虐待ケースへの治療指導を行う時期（平成15年以降）

　虐待ケースへの治療は従来から行われていた治療技法では効果が期待できない場合があり、新しい治療技法が研究され導入されてきた。さいたま市児相ではペアレントトレーニングが始まった。在宅での継続指導が困難な場合は、単に親子分離をするだけではなく双方に適切なケアを行っていくことが求められる。このために家族再統合プログラムを設定し実施するようになった。

図1−4　児童相談所の組織図（平成12年）

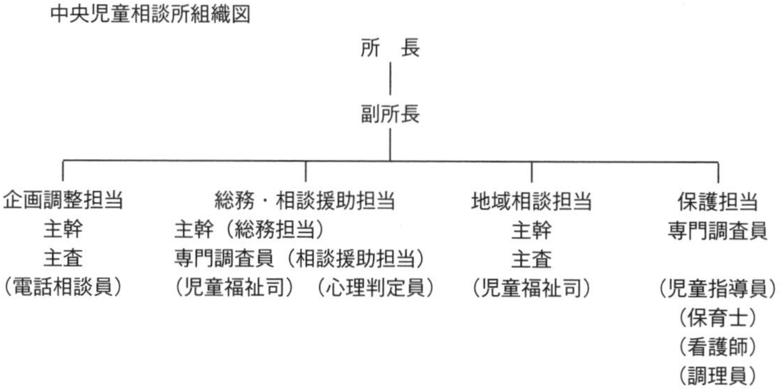

中央児童相談所組織図

所　長
｜
副所長

企画調整担当
主幹
主査
（電話相談員）

総務・相談援助担当
主幹（総務担当）
専門調査員（相談援助担当）
（児童福祉司）（心理判定員）

地域相談担当
主幹
主査
（児童福祉司）

保護担当
専門調査員

（児童指導員）
（保育士）
（看護師）
（調理員）

注：平成12年は児童虐待防止法が成立・施行された年。
出典：埼玉県『埼玉県職員録』（平成12年4月1日現在）をもとに作成。

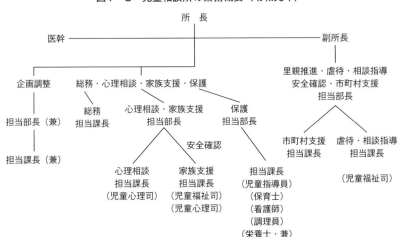

図1-5　児童相談所の業務概要（令和元年）

出典：埼玉県中央児童相談所『令和元年度版　児童相談所業務概要「埼玉の児童相談」』をもとに作成。

1.7 ┃ まとめ

　児童相談所の治療指導の歴史を振り返ると集団指導（以下、グループ指導）が果たしてきた役割は大きい。その発端は何といっても3歳児健康診査精密検診事後指導であろう。この事後指導において、精密検診で指導対象となった言葉の遅れをはじめとする発達や情緒の問題を抱える子どもを対象に保護者を含めた個別指導の他、グループ指導が行われてきた。厚生省「児童相談事例集第8巻」の「Ⅲ集団指導」の事例として宮城県中央児童相談所で「在宅心身障害児の集団指導訓練」の事例が掲載されているが、冒頭において「宮城県中央児童相談所では3歳児精密検診事後指導の一環として、昭和47年度より、在宅心身障害児及び保護者の集団指導訓練を実施してきた。この事業は、小規模通園事業の開設と、そこへの児童の引継ぎを展望しつつ行われるものである」と記され「親に対しては家庭での療育技術の指導と同時に小規模通園事業開設に

向けて保護者・地域の盛り上がりの形成を図る」としている。また、埼玉県でも児童相談所において同様の子どもと親のグループ指導が自閉症児を含めて行われている。

　その後、第4期の情緒障害児の情緒障害児治療指導合宿訓練とその前後のグループワークへの発展、さらに発達障害児に対する保護者と子どものペアレントトレーニングの導入から現在の虐待ケースに対する様々な治療訓練プログラムにつながっている。児相における治療指導の歴史はグループワークの存在抜きには成り立たないといっても過言ではない。

第2章

児童相談所運営・実務マニュアルの
変遷からみる児相史

　戦後の児童相談所の歴史をたどる資料の一つに厚生労働省（当時、厚生省）が作成した児童相談所の運営に係る指針、すなわち児童相談所運営・実務マニュアルがある。これは児童福祉法に基づき全国の各都道府県に設置した児相が業務を円滑に運営できるように、また、均一した児童相談事業が行われるようにするために作成されたものである。「児童福祉マニュアル」（昭和26年1月）、「児童福祉必携」（昭和27年3月）、「児童相談所執務必携」（昭和32年）、児童相談所執務必携－改訂－（昭和39年2月）、「児童相談所執務提要」（昭和52年4月）そして平成2年から今日に至るまでは「児童相談所運営指針」がネット上でも公開され誰でも閲覧することができる。なお、児童相談所運営指針は児童福祉法、児童虐待の防止等に関する法律が改正される機会に度々改正されている。

　このマニュアルが出る前の昭和23年に「児童福祉司及び児童委員活動要領」が厚生省児童局から出されている。なぜ児童福祉司と児童委員が並列して活動要領としてまとめられているかというと両者とも同じ業務を行っていたからである。その業務の内容は必ず知っておかなければならない情報として担当地区の人口や世帯数等、職業の状況、衛生の状況、教育の状況等であり、その上に立って相談指導の実際として、児童表の作成、妊産婦の保健指導、乳児の保健及び保護、母子保健、一般児童に対する保護、特殊児童の保護を行う任務があるとしている。これらは個別指導ばかりでなく集団指導（児童遊園、児童

館、学校、保育所、母子寮や児童クラブ、子供会、母の会等）を通じて行うことが業務の範囲として掲げられている。

2.1 ┃ 児童福祉マニュアル（昭和26年1月）

　昭和23年に施行された児童福祉法で児童相談所が各都道府県に設置され相談業務を行うことになったが、具体的な相談の方法や組織、人員体制については未整備であり、各都道府県は児相の運営については同様の状態にあったものと思われる。このため、専門的な知識と技術を持った相談ができ、全国的に統一した児童相談が遺漏なく行われるようにするため、児童相談の基礎的な事柄を職員に教えつつ、組織体制を固め相談がスムーズに行われるようにする必要性から国際連合技術顧問であるA・K・キャロル氏を招へいして彼女が実地調査と指導を行った。この指導を受けたのは宮城県、大阪府、福岡県をはじめとする全国の14か所の中央児童相談所であって、このときの様子を記録してまとめたものが「A・K・キャロル活動報告書」である。児童福祉マニュアルはこの報告書がベースとなっている。

　特徴的なのは、このマニュアルが、いきなり児童相談について述べるのではなく、第一部で社会事業（福祉）とは何か、第二部では組織について、相談部（措置部）、一時保護ホーム（一時保護所）、診断指導部に分けられ、その機能や果たす役割、そして第三部で書式が示されている。まさに、今日の児相の原型がつくられているといってよいだろう。さらに、里親制度についても詳しく解説されていることは、施設処遇よりも里親制度の活用を優先していく考え方がにじみ出ているように思われる。

2.2 ┃ 児童福祉必携（昭和27年3月）

　タイトルは「必携」となっているが、地域（都市と農山村）によって開きがあり、各都道府県共通の統一的な執務必携をつくることは非常に困難なため、「児童相談所、児童福祉司、社会福祉主事及び児童委員の活動要領」との副題を付してつくられた。各都道府県において執務必携をつくる参考として利用するようにつくられている。「児童相談所及び地区担当職員の分担区分表」の「児童の問題別分類」で被虐待児は「高度のものについては児童相談所長の指導のもとに児童福祉司が指導する」「軽度のものについては社会福祉主事が指導する」となっている。

　職員構成（各ポジションの職種に応じた人数）については児童相談所によりA〜Dのランクに分け、A級からC級までは中央児童相談所に該当し、D級が地方児童相談所となっている。また、業務の内容等については他の通知や児童福祉マニュアルに規定してあるとし、この必携では省略している部分がある。これに対して、児童福祉司、社会福祉主事、児童委員については詳しくその役割業務内容について説明している。このことはようやくこれらの職種が定着して重要性を発揮できるところまで進んできたものと思われる。同時にソーシャルワークとは何かというような基本的な説明は少なくなっている。

　このうち児童福祉司は都道府県知事によって任命されるが、職務については、取り扱う児童は児童相談所の判定を前提とするか又は判定の結果に基づくことが多いことから、その結果に基づいてケースワークを行うように指示される立場にあるとしている。したがって、必ずしも児童相談所に配置されていなくとも児童相談所長の指揮命令に従い職務を行うということになるので児童福祉司の職務執行の拠点は原則として児童相談所となるが、交通関係その他の理由により福祉事務所に駐在することも有りとした。なお、児童福祉法の第7次改正により、「従来、都道府県に置くこととされていた児童福祉司を児童相談

所に置くこととした（法第11条第1項）」。この活動要領が児相に限定するものではなく社会福祉主事、児童委員についても解説してあり、まさに「児童福祉」必携であることを示唆するものである。

2.3 児童相談所執務必携（昭和32年3月）

　その構成は、二編からなり第一編は「児童相談所運営指針」となっており、内容は児相の機構、職員構成、各職員の職責、所内各業務部門における業務手続き、設備等についてからなり、第二編「児童相談所運営」の参考の諸章は児相に長く従事している職員の体験と研究結果が記されている。それぞれの部門は具体的かつ詳細に書かれており、当時、こういった児童臨床、相談に携わる者にとってのハンドブックとしては大変重宝されていたのではないかと思われる。単なる手引書を超えて専門書に近い内容となっている。しかし、この執務必携に児童虐待への対応を記述してある箇所はない。

　このマニュアル以降は現在の児童相談所運営指針につながる仕様になっている。つまり、それまでは、ソーシャルワークとは何か、面接とは何かといったような基本的な知識や技術が書かれたものであったが、この必携以降は、いわゆる「児童相談所事務処理要領」的なものに変わっていく。そこで書かれていることは児童福祉法及びその他の関係法に照らし合わせて記述されている部分が多い。児相の組織も相談調査課、判定指導課、一時保護課の他、児童福祉司室を設け、児童相談所の指揮監督下に置かれた児童福祉司の役割を改めて規定している。なお、「児童福祉司が福祉事務所に駐在する場合の注意」として「法の趣旨に反するところであるが、現実の要求に従い児童福祉司が福祉事務所に駐在する形をとる場合があることが考えられる」と記されているが、その場合でも「児童福祉司は児童相談所長の指揮監督を受けるものであることを確実にしておくことが必要である」としている。

2.4 児童相談所執務必携（改訂版）（昭和39年3月）

　初版から7年経っている。「序」において改訂は若干のものであるとしてその構成は、二編からなっていることには変わりがない。第一編児童相談所運営指針では、児相の性格とその対象、目的・構成・業務手続等の法的根拠、機構と職員構成、職員の職責・資格・研究訓練、各部門の業務、設備、各機関との連絡協調、特別活動についてからなり、初版に比べて内容が大きく変わっていない。しかし、各機関との連絡協調では福祉事務所、児童委員、保健所、警察との関係に触れており、特別活動では巡回相談、健全育成活動（三歳児健康診査への協力、保育所、幼稚園、小・中学校との連絡、児童委員協議会への参加）、広報及び一般調査が新たに盛り込まれている。第二編「児童相談所運営技術」は問題別（養育困難、性向不良、精神薄弱、身体障害）、技術上の基本事項（ケースワークの基本原理、ケースワークの具体的技術、訪問面接、社会調査の取りまとめ方、スーパービジョンの要領）、児童の具体的諸問題等が新たに付け加えられている。

2.5 児童相談所執務提要（昭和52年3月）

　「序」において「児童福祉法が施行されて四半世紀を過ぎ、児童福祉行政の進展には目ざましいものがある。対象児童の拡大、施設の拡充強化、予防活動の発展等それぞれ問題をはらみながらも相当の前進があったことは事実である」と評価しながらも、「一方では急激な社会変動やいわゆる核家族化現象に対応して、児童問題は多岐にわたるものとなっている」としている。全体の構成は、執務必携（改訂）で技術上の基本事項として掲載されていたものが、提要では参考資料のⅡとして簡略化されている。この理由について、提要の後記

で①児童相談所の技術内容は広いが、骨格はすでに定着していると思慮される、②技術内容は幅広く、児童精神医学、ケースワーク論、児童臨床心理学等については、すでに多くの文献等が示されていることなどを挙げている。ちなみに、提要が出た時このマニュアルを児相職員の多くが購入したが、「必携」の方が使いやすいと不評であったことが記憶に残っている。しかし、よく考えてみると、各相談種別に応じて縦割りで問題解解決ができた時代はマニュアルの有効性はあったが、虐待ケースに対応していかなければならない児童相談所運営指針の時代になると、もはや簡単にはマニュアル化ができなくなり、必然的に事務処理要領的な内容になってくることは否めない。

2.6 　児童相談所運営指針（平成２年３月初版以降度々改正）

　虐待通告相談件数の増加、数々の虐待死事件が生じる都度、頻繁に内容の改正が行われているが、表題の「運営指針」は変わっていない。

　執務必携以降は基本的な記述は変わっていないが、児童相談所運営指針になってからは、技術的事項はなくなり、運営指針全般に言えることであるが、その代わり第4章から第9章にわたって新たな業務が挙げられている。これらに共通していることは児童虐待への対応の関係事項である。表中には書き込めなかったが、第6章から第9章の各節について書き出してみると、

　　第6章 → 家庭、地域に対する援助等、巡回相談、児童虐待防止対策支援事業、
　　　　　　ひきこもり等児童福祉対策事業、１歳６か月児、３歳児精密健康診査及び事後
　　　　　　指導、障害児（者）に対する事業、特別児童扶養手当、療育手帳に係る判定
　　　　　　業務等、虐待を受けた子ども等の保護のための住民基本台帳閲覧における支
　　　　　　援措置
　　第7章 → 市町村の業務、都道府県（児童相談所）と市町村の連携・協働・役割
　　　　　　分担の基本的考え方、市町村における必要な支援を行うための拠点（市町村

子ども家庭総合支援拠点）の整備、その他

第8章 → 各種機関との連携の重要性、要保護児童対策地域協議会（子どもを守る地域ネットワーク）、福祉事務所との関係、子育て世代包括支援センターとの関係、保健所、市町村保健センター等との関係、知的障害者更生相談所及び身体障害者更生相談所並びに発達障害者支援センターとの関係、里親等又は児童福祉施設等との関係、家庭裁判所との関係、弁護士、弁護士会との関係、学校、教育委員会との関係、警察との関係、医療機関との関係、婦人相談所との関係、配偶者暴力相談支援センターとの関係、子ども・若者総合相談支援センター、地域若者サポートステーションとの関係、法務局及び人権擁護委員との関係、民間団体との関係、その他の機関との関係

第9章 → 設備等、器具等、必要書類、統計、検証（子ども虐待による死亡事例等の検証）

となっており、児相業務の内容、関係機関との連携協働が児童相談所執務提要以前の時代と比べて格段に広がりがある。これだけの業務を児童相談所のみでこなしていくことは相当のマンパワーと時間が必要になってくることは確かであり、児相業務の多忙について忘れてはならない部分であろう。そして、執務提要以前は、虐待に触れた箇所は極めて少なく、運営指針になってから幾多の法改正が行われ飛躍的に虐待関係の対応へ児相がシフトしていくことがよくわかる。

第3章
過去と現在の児童相談所に寄せられる相談内容から読み取れるもの

　児童福祉必携の二「児童相談所の取扱う問題の種類と範囲」に、「児童相談所の取扱う問題の種類と範囲については、表現の方法はあるが、一応次のようなことがらを含んでいるべきだろう」として以下のようなことが記載されている。

一　家庭教育一般についての相談
　1. 一人っ子、末っ子、おばあちゃん子等、あまやかされた子供の問題
　2. お行儀のしつけについて
　3. 子供の性教育

二　遊びについての相談
　1. 遊びの導き方、おもちゃの与え方
　2. 読書相談、ラジオ、映画の見せ方、聞かせ方
　3. 子供にこづかいを与える方法

三　子どもの社会的態度についての相談
　学校ぎらい
　どもり、はずかしがりや
　友達のえらび方
　わがまゝと乱暴、けんかと意地悪
　うそつきとぬすみ

ひとみしり、おくびょう、あまのじゃく、まけぎらい

　　あわてもの、やりっぱなし

四　進級、進学についての相談

　　不得手な学科についての相談

（以上一、二、三、四、の相談は決して容易な問題でなく、判定指導部の重要な課題である。ことに四については、別個の専門機関が設置せられてよい程の問題であると云える）

五　適性相談（主として職業適性）

　　外来相談だけでなく、措置児童のため保護方針を樹立するためにも必要な場合がある。

六　特殊な問題を持つ児童

　　児童福祉法による児童相談所は最小限、これらの児童を適切に保護する義務がある。

　１．環境に恵まれない児童の問題

　　　孤児、棄児、被虐待児、貧困家庭児、離婚、離散等の崩壊家庭の児童、放任されている児童（両親の労働、疾病等のため）

　２．精神に何らかの障害をもつ児童の問題

　　　精神薄弱児、病的性格児、神経症を現に持つ児童、夜尿、ゆびしゃぶり等、困るくせ或は半ば病的なくせのある児童

　３．身体に障害のある児童

　４．複雑な原因による問題を持つ児童

　　　いわゆる不良化している児童

七　母子相談

　現在の児童相談所で受ける相談とはだいぶかけ離れた内容の相談を受けることが記されていて驚くが、昭和27年当時はこういった相談も当たり前に児相は受けることになっていたと理解できる。つまり、子どものよろず相談所になっており、更に国民が児童相談所の役割を理解し、気軽に利用できるように相

談事例を挙げたものと思われる。しかし、現在はこういった相談内容の中には児相では直接受けないものもあり、福祉事務所の家庭児童相談室で受けたり、子育て支援拠点事業として受けたりするものも想定され、相談の機会の裾野が広がってきたとみるべきであろう。

　次に、私が児相に入職した昭和47年当時から平成、令和にかけての児童相談所における事例を比較してみる。ただし、必ずしもそれぞれの時代を代表する、あるいは典型的な事例というわけではない。ちなみに、以下の事例Ａ〜Ｃは従来からあるケース、事例Ｄ〜Ｆは近年多く見られるケース、事例Ｇは最近顕著に問題となってきているケースと分類した。

　なおすべての事例は私の経験等を踏まえてつくられたフィクションであることを申し添える。

3.1 　事例Ａ：離婚による経済的、精神的負担等が起因する要保護家庭

[母親（32歳）、男子（8歳）、男子（4歳）、父親に女性関係ができて離婚]

　母親が親権者となり子どもたちを引き取ったが、職を探しても見つからず、食堂のアルバイトでようやく家計を支えている。しかし、時々精神的に不安定になることがあり、子どもたちの世話ができない。昼過ぎまで寝ていることもある。次第に家の中は乱雑な状態になっていった。近くに母方祖父母が住んでいるが祖父は病気療養中であり、しかも1部屋しかない。また祖母は日中から夜間にかけて清掃の仕事をしている。このため子どもたちを引き取って面倒を見ることは難しい。結局、断続的な不登園、不登校状態になり用意した食事も満足に食べられない状況が続き、民生委員や担任の説得で母親が児童相談所に保護を求め、子どもたちは無事一時保護された。なお、母親が精神的に安定し、きちんとした昼間の定職に就けるまで子どもたちは児童養護施設に預かることに母親も同意した。

3.2 ┃ 事例Ｂ：サラ金の取り立てに追われる要保護家庭

［父（50歳）、長女（16歳）、長男（12歳）、次女（10歳）］

　父親は事業に失敗し多額の借金を抱える。その中にはサラ金から借りたものもあり、返済の見通しがつかない。連日のようにサラ金業者の厳しい取り立てがあり、子ども３人を連れ、夜逃げ同然で都内のホテルを転々としたが現金が底をつき、一度は一家心中を考えたが、一番上の高校生の女の子がしっかりしていて思いとどまり福祉事務所に相談した。

　子どもだけでも保護してほしいということになり、福祉事務所が児童相談所に通告し一時保護となる。その間、父親は知人宅に身を寄せ、無料法律相談を受け、自己破産の手続きをとった。借金は清算されサラ金からの追及はなくなり、生活に見通しがついたところで子どもたちを引き取った。

　事例ＡとＢともに、いわゆる単純養護（保護者の死亡、疾病、家出・行方不明、拘禁、経済的事情など）と称されるケースである。家族の人間関係や本人の性格行動に起因するものではなく、家族の置かれている状況等により、養育が続けられなくなりやむなく保護に至った事例と言える。相談者から結果的に児童相談所に相談して良かった、助かったというメッセージが伝わってきそうな事例である。児童福祉司も仕事の達成感や、やりがいを感じたと思われる。

3.3 ▎ 事例C：主に本人の性格と発達課題や自己同一性の問題

［中学1年男子、家族は両親と本児の3人家族、父親（45歳）は地方公務員、母親（40歳）は専業主婦］

　本児は小学校2年生まではクラスの男児と遊べず、独りで校舎の裏で遊んでいた。しかし、小学校3年の時、担任が産休で、代替の教師（ベテランの女性教諭）になり、その先生が家庭訪問の時の様子を交えて本児を皆の前で評価してくれた。そのことをきっかけとして、本児は自信を持ち、友達ができて、学級委員にも選ばれた。以後、クラスでも上位の成績を取って男の子の仲間入りを果たした。

　しかし、中学に入学してから、それまで仲の良かった友達が転校したり、クラスが別になったりした。また勉強も難しくなり、思うように成績が上がらなくなったと同時に新しい友達ができなくなり次第に孤立していった。そのころから、朝起きると頭痛がしたり、食欲が湧かなくなり、吐き気をもよおすようになってきた。そして登校を渋るようになっていった。

　担任の紹介で児童相談所に母子ともに通所指導を受けることになった。母親に対しては主に家庭での本児の様子について報告してもらい、本児に対してはカウンセリングを実施するとともに箱庭療法を併用した。最初は緊張が強く面接中も話ができなかったが、卓球やバトミントンなど本児が取り組めるスポーツを取り入れていくと緊張が解け、治療者とのラポールもできて話し出すようになった。そして、次第に学校に行けないことについて話し始めた。こうなった原因は心理検査や面接の中で本児の内向的で少しのストレスでも思い悩んでしまう性格にあることが分かった。母との面接では幼児期から少し厳しく育ててしまい、そのため何をするにも母親に「～してもいい？」と許可を求め、自主性の欠ける子どもに育ててしまったとの話がでる。そこで、学習面では母親や本児と相談して家庭教師を付けフォローするとともに、担任との個別面接、

交換日記を行い、保健室登校を経て、再び登校を再開するようになった。その後、幾度か登校しぶりがあったが、2年生になってクラス替えをきっかけに新しい友達もできて順調に登校している。

　心理検査や面接の結果、本人の性格の問題と幼少期の母親の過干渉とも思われる子育てが関係しており、自発性や自主性が育っていないことが判明した。一方、思春期の心理治療はプレイセラピーとカウンセリングの狭間にあって工夫が必要であり、クライエントの「チャンネル」にいかにあわせていくかがポイントである。こういった工夫と登校への橋渡しをうまくやることによって問題の解決が得られるケースもある。思春期に入るとアイデンティティ（自己同一性）の課題が出てくる。かつては学校不適応、登校拒否の事例の多くはアイデンティティや各年代の発達課題の問題としてとらえられていた。

　アイデンティティとは、特に青年期（思春期）における重要な発達課題のテーマとして取り上げられている。自分自身に向き合うことにより、確かな自分を認識できること、自分の存在価値を周囲（社会）も認めることにより、「これでいいんだ」という自己肯定感を持つことである。また他の発達段階で乗り越えるべき課題もある（例：児童期における男の子の仲間入りをして認められるなど）。

3.4 ▍事例D：保育園からの虐待通告による緊急一時保護と法的対応

　ある日、担当の保育士が着替えを手伝っていると一人の園児の身体にアザのようなものが複数か所あったことを発見した。本人に尋ねてみると父親から叩かれてできたものだと言う。夕方、迎えに来た母親に事情を聴いたところ、そのことは否定し、活発な子で、転んだりぶつかって出来たものだと説明した。しかし、不自然なアザなので改めて問い直したところ父親が叩いたことを認めた。同席した市の児童福祉担当者は、今後このようなことがあったら、児童相

談所に通告しなければならないことになるし、場合によっては子どもが児童相談所に保護されることもありうると伝え、二度としないように注意をし、母親も自分がついている限り、父親に勝手なまねはさせないと約束したので子どもを連れて帰宅させた。その後は、しばらくの間、無断欠席が時々あったが、アザ、傷をつくってくるようなことはなかった。しかし、次第に在園時に落ち着きがなくなり他児に対する粗暴な行為が目立つようになっていった。ある日、顔が腫れているので尋ねたところ、父親からたたかれたと本児が言ったので、市担当者に相談した。市担当者は虐待の再発と判断し、児童相談所に通告した。児童相談所の職員が保育所に赴き、本人に確認したところ、曖昧なことしか言わないので、いったん保護をした。そして母親に電話でその旨を伝え、児童相談所に来てもらい事情を聴きたいと話した。母親は事情も聞かずに一方的に保護したことに感情的になって、抗議したが、一方では父親がたたいたのではなく、本人が登園をぐずり、イライラして自分がやったと言った。本人は5歳の男の子で、家族は27歳の父親（現在無職）、母親は32歳で居酒屋に勤めており、時々、深夜にならないと帰宅しないという。送迎は父親が行っている場合もある。自宅は賃貸マンション、昨年引っ越してきたばかりで近所づきあいはほとんどない模様であった。

　児童相談所としては、虐待が繰り返されていたことが懸念されるが、その実態がつかめず情報が不確かなままで家に帰すことのリスクは高いと考え、しばらく、一時保護することを提案した。母親は最初は連れて帰ると言って抵抗したが、児童相談所の説得によりしぶしぶ同意した。しかし、その後もしつこく電話をしたり、父親と突然来所し子どもを返せとさわぐことが度々あった。

　しかし、最近は、市の法律相談で弁護士を紹介してもらい、その弁護士の助言により、返さなければ法的手段も辞さないと言い出している。

　親自身の養育態度についての問題意識がない。近隣とのかかわりが薄い。家族の情報が十分得られない中で子どものリスクを最優先し、選択肢として保護を第一と考える。すなわち、アプローチの仕方として児童の身の安全を確保してから親と相談を始めるというやり方をとる。介入、その後、支援という異な

る手法を使い分けるところにどうしても無理が生じやすい。親や子どもとの面接の中で、子どもを家庭に返すタイミングが難しい。なかには、家庭に返しても不適切な養育（虐待）が再び起こるため、結局、保護を繰り返すようになり、施設入所という決定的な親子分離に至る場合がある。最初から児相に相談するというニーズはなく親との関係はずれている。親の養育態度とのずれを修復するのは難しい。どの時点から児相等が支援のために介入すればよかったのかを検証する必要がある。

　近年、保護者の方で弁護士と相談し行政側を訴える動きをするケースもあり、これに対して児相側も法的対応ができる弁護士を配置する体制をとるようになっている。

　私は虐待による一時保護は「親子別れの一里塚」にならなければいいと思っている。

3.5 ▌事例Ｅ：近隣住民による虐待視から逃れるために転居をする母親（私こそ被害者です）

　あるアパートの住人から隣部屋に住んでいる母親が時々、子どもを怒鳴ったり、子どもが泣き声を上げることがある。この間は、叱られて建物の通路に出されていた。夜中にもドスンドスンという音が聞こえる。壁が薄いのでとてもうるさい。（虐待が心配というよりは）うるさいので何とか静めてほしいと受け取られる通告内容であった。児相職員が家庭訪問をすると玄関口に出てきた母親らしき人は開口一番、「やはり来たんですね、いつかはきっとこうなると思っていた。たぶん隣部屋の住人が知らせたからでしょう。ウチは虐待をしていると近所からも思われているに違いない。最近はアパートの人もすれ違って挨拶をしても、変な目で見ている。この子が言うことを聞かないので確かについ大きな声で叱ったり、時には外に出すこともありますよ。たまには思い余ってたたくことだってあることは否定しません」と言う。「母子家庭で生活もいっぱいな状態の中で子どもに振り回されてばかりはいられませんからね……、

もうここには住めない。これを機会に引っ越します。迷惑はかけたくないので」と一方的に話をしてドアを閉めてしまった。

その後、連絡をしてもつながらず、訪問したところ大家さんの話では引っ越したとのこと。

虐待通告は密告ではなく、あなたが自ら相談できないからあなたのために代わって通報という形で相談してくれたのだ。だから、児相の人が来たらむしろチャンスだと思って相談しなさいよ、というメッセージとして受け止めるべきだが。

母親（らしき人物）にまくしたてられて終わってしまったことは残念である。担当者としては話を挟む余地は全くなかったのか振り返ってみる必要がある。

もしかしたら、前住所地で児相の職員が来て対応したときの苦い経験がそうさせているのかもしれないので、一応、住民票で確認して、児相あるいは市町村の担当課が関与したかどうかを調べてみる必要がある。話の内容からすると全く自分の行っている行為は虐待と疑われても仕方がないということは認めているし自責の念を抱いている。本人はワンオペで頑張っている自分の立場も理解してほしいということ。相談のニーズはないわけではないと思われるので、対人関係に不信を抱いている母親の気持ちをどのようにほぐすのかがとっかかりのチャンスである。例えば、虐待行為を何故行ってしまうのかに話の焦点を最初から当てずに、母親の困り事がまずどこにあるのかを聞いてみる切り口から入る手もある。経済状態なのか、身近に相談相手がいないことなのか。保健師の同行により、子どもの食生活、健康状態、発育状態を確認するとこから母親の気持ちをキャッチする方法もある。ただし、この家庭に第三者、例えば、母親の付き合っている男性、ママ友などが介在していないか、全く虚言であるかどうか確認する必要がある。転居先は住民票で確認し管轄の児相に連絡する。

この事例は虐待に潜む二律背反性をよく表している。それは「私が虐待を行わなければならなくなったのは誰のせいか」という当事者の言い分によく表れている。つまり加害者意識と被害者意識のすり替えがおこなわれることである。

3.6 | 事例F：多問題家族（継父、実母の依存症と本人のPTSD の疑いを背景とした不登校）

［中学2年女子、両親（継父53歳、実母40歳）と異父兄（高校1年）のステップファミリー］

　父親は生真面目な性格であるが、酒を飲むと人が変わったようになり母や兄に対し暴力をふるう。母とは行きつけの飲み屋で知り合って再婚した。母親に言わせればそういったストレスから自分は衝動買いなどを重ね、金遣いが激しく借金をつくっていたという。ちなみに母親の元夫も酒癖が悪かった。

　本児は中学1年の2学期から次第に登校しなくなり、家にひきこもるようになっていった。と同時にリストカットが始まった。

　担任の勧めで児童相談所に両親と本児が通うようになった。本児は最初の頃、面接中も黙っていることが多く、カウンセリングはなかなか進展しなかった。そこでメンタルフレンドとして、家庭に大学生（女子）を派遣して接触を重ねたところ、児童相談所でも積極的に話すようになったが、継父とは関係がつくれず、家庭に他人と同居しているようだと訴えた。また、継父が飲酒時において母親に暴力をふるうところを目の当たりにして恐怖を感じ、次第に自傷行為に及ぶようになってきたことが分かった。

　継父はなんとか本児と気持ちが通じる親子のようになりたいと面接場面では言うが、家庭では冷めた関係が続いている。そのうち本児は家族との間で言い争いをきっかけに今度は家出をするようになり、警察に保護され児相に一時保護をする、その間はリストカットが収まっているが、家庭に返すと再び繰り返されるようになった。一時保護中に実施した心理検査では、文章完成法テストで家族への非難と自己否定的な記述がみられ、PFスタディでは内罰、他罰の反応が繰り返される傾向がみられた。

　継父は児童相談所の紹介で保健所の酒害相談に通い、地域の断酒会への入会を勧められているが行っていない。本人は担任やスクールカウンセラーとの面

接でなんとか登校するようになってきたが、依然として不安定な状態が続いている。

　不登校という形をとっているが、実態は養護ケースととらえても差し支えない。（本人の前で母親に暴力をふるう、いわゆる面前DVで本人に対しては心理的虐待になる）家族全体が機能不全に陥っている。継父はアルコール依存症、母親は買い物依存症で家族のだれか（一番弱い人）を犠牲にすることによって家族の崩壊を防いでいる。本人はアクティングアウトしてしまうので、自分の性格や行動に関して内面を見つめ直す心理療法（カウンセリングなど）だけでは対応できない。児相における精神科嘱託医の協力が必要である。虐待は虐待者の依存症によるものだとすれば家族による虐待に対し、いったんはこの家族との関係を遮断し、児童養護施設、児童心理療法施設への入所を検討する必要がある。何らかの枠をはめ生活環境を安定させないと心理治療やケースワーク機能が発揮されにくい。どの時点でどこの関係機関が主に関わるのか保護者とともに支援プランをしっかり立てる必要がある。保護者に対しては依存症に対する治療を並行して行わないと問題が形を変えて引きずられていく可能性がある。

3.7 　事例G：ゲーム、インターネットにのめり込む子どもたち

　中学2年男子、家族は銀行員の父と専業主婦の母、小学2年生の妹がいる。
　1年生の秋ごろから友達とゲーム機を使って遊ぶようになったが、今はゲームに夢中になって学校から帰ってきても部屋に閉じこもり夕食後もゲームをしている。このため、授業の予習、復習はもちろんのこと宿題もやらないため担任から注意を受けた。一時的に指導に従ったが再びゲームに夢中になっている。父兄懇談会でもクラスの何人かはゲーム機やユーチューブにのめり込んで学習がおろそかになったり問題になっていることは母親が出席して聞いたが、担任との個別面接で本人の場合は、宿題を忘れるばかりでなく、授業中もボー

っとしていることが多くとても授業を受ける態度ではないと指摘され、成績も急降下の状態であることが分かった。父親と話し合い、本人に諭すことをしようとしたが、最初は「止める」といっても今度は家族が寝静まった後、こっそり、布団の中でやっているらしい。最近は注意しても生返事や逆に「ちゃんとやるよ、うるさい」などと反抗し、妹にも当たり散らすことも多くなってきた。

　令和5年1月に静岡県牧之原市で13歳女子が母親との間でスマホのSNSをめぐって言い争いになり、母親を殺害するという痛ましい事件が起こった。全国の児童相談所にスマホやパソコン、ゲームに長時間にわたって没頭し学業がおろそかになるばかりでなく昼夜逆転の生活になったり、その結果、不登校になる、ひきこもり、家庭内暴力、家族との間でトラブルが絶えないなどの相談が寄せられている。また、登下校の際も友達との会話はゲームに話が集中して、交通事故に遭いそうになったという話も聞く。

　要するに一種のアディクション（依存症）とも言える。時が過ぎればそのうち飽きてくるといって決して放置される問題ではなく、「ゲーム障害」とも呼ばれる。国際疾病分類第11版にもこの疾病が掲載され、治療方法が開発されつつある。

3.8 ｜ まとめ

　過去の養護相談事例ではやむにやまれぬ家庭事情、例えば、貧困、失業、欠損、疾病などが主なものであったが、現在の事例はケースの多様性、緊急性がうかがわれる。本人自身の問題より複雑な家庭内の人間関係の問題。ケースの動きが速く、住所を転々とし、社会的孤立があり実態をつかみにくい。特に虐待通告による相談はニーズがないのでラポールを築きにくい。相談の脈絡もつかみにくい。相談者に振り回されないように素早い対応、相談に枠をはめていくこと、関係機関との連携・協働をより必要とする。

　こういった特徴に加えて、子どもの過去に保護者からの虐待があった、あるいは保護者自身に被虐待経験があった事例が多い。また、法的手段に訴えるケースも稀ではなくなった。まさに、現代の養護相談には虐待というキーワードが外せない。例えば、児童養護施設の入所事例を見るとそのことがよくわかる。

　「児童養護施設入所児童等調査の概要」（平成30年2月1日厚生労働省子ども家庭局他令和2年1月）によれば、以下のとおりである。（　）内の数値は平成25年2月1日現在のものである。

　児童の被虐待経験の有無、虐待の種類（里親、児童養護施設、児童心理治療施設、児童自立支援施設、乳児院、母子生活支援施設、ファミリーホーム、自立援助ホーム）「虐待経験あり」の割合をみると、里親で38.4％（前回31.1％）、児童養護施設で65.6％（前回59.5％）、児童心理治療施設で78.1％（前回71.2％）、児童自立支援施設で64.5％（前回58.5％）、乳児院で40.9％（前回35.5％）、母子生活支援施設で57.7％（前回50.1％）、ファミリーホームで53.0％（前回55.4％）、自立援助ホームで71.6％（前回65.7％）となっている。また、里親、児童養護施設、乳児院及びファミリーホームではネグレクトが最も多く、その割合は65.8％（前回68.5％）、63.0％（前回63.7％）、66.1％（前回73.9％）、62.3％（前回63.6％）である。児童心理治療施設及び児童自立支援施設では身体的虐待が最も多く、その割合は66.9％（前回64.7％）、64.7％（前回60.5％）である。母子生活支援施設及び自立援助ホームでは心理的虐待が最も多く、その割合は80.9％（前回78.0％）、55.1％（前回38.9％）である。

　もう一つは事例F、Gにみられるように「依存（アディクション）」がからむ相談が増えつつあることだ。この「依存」も本人が積極的に相談に乗りにくい傾向がある。虐待もその行為を対象となる子どもに執拗に繰り返し行う点では「依存」と捉えることができる。

　今や「依存」の領域は広がりつつある（アルコール、喫煙、薬物、ギャンブルばかりでなく、インターネット、ゲーム、買い物、DV、いじめ、万引き、窃視、痴漢等々）。ネット社会の現在、「依存」は児童臨床の領域でも今後、大きなテーマになってくるだろう。

第II部

変化を迫られる
児童相談所から
進化する児童相談所へ

第Ⅱ部では「変化」という受動的なニュアンスを含む児相から、子育て支援や虐待防止のために様々な機能を取り入れ、連携・協働する能動的な児相へと「進化」しつつあるテーマを取り上げる。

　このことは、令和4年の児童福祉法等の一部を改正する法律（令和4年法律第66号）の概要の中で挙げられている下記の項目について本書の中でも各児童相談所等が関係するところを挙げる。

「市区町村における子育て家庭への支援の充実」

（1）子育て世帯訪問支援事業
　　　要支援、要保護児童及びその保護者等を対象とした家庭に訪問し、子育てに関する情報の提供、家事・養育に関する援助等を行う

（2）児童育成支援拠点事業
　　　食事や居場所の提供

（3）子育て短期支援事業
　　　保護者が子どもと共に入所・利用可能とする

「都道府県等・児童相談所による支援の強化」

（4）親子再統合支援事業
　　　保護者支援プログラム等

　なお、（4）については「概要」の中で「児童相談所の業務負担が著しく増大する中で、民間と協働し、支援の強化を図る必要がある」と述べているので、本書においてはまず、（4）に限らず、児童相談所業務の民間団体等への委託について触れていきたい。

　また「概要」の中の「子供の意見聴取等の仕組みの整備」に関連して一時保護所の子どもの権利擁護に係る環境整備を図る取り組みについても注視して取り上げた。

　さらに児童福祉法第28条の司法関与のあり方についても取り上げた。

児童相談所業務の民間団体等への委託

　従来から児童相談所の相談業務を補完する役割を持つ機関として、児童家庭支援センターが乳児院、児童養護施設、母子生活支援施設、児童心理治療施設、児童自立支援施設に付置されていた（現在は法改正により付置要件は撤廃されている）。これらの機関では、地域や家庭からの相談に応じる事業や児童相談所から相談ケースを受託して事業を行っていた（「児童家庭支援センターの設置運営について」平成10年5月18日）。設置及び運営の主体は地方公共団体、社会福祉法人等である。しかし、必ずしも順調に整備が進んでいたわけではない。

　一方、国は民間団体への児相業務の委託を進めている。「児童相談所運営指針」の第20章で「他機関との連携」（「第20節　民間団体との関係」）が設けられて、施設入所や一時保護を解除した場合、児童虐待を行った保護者に対し、平成28年の児童福祉法改正により、親子の再統合の促進を図るために必要な子どもへの接し方等についての助言等を行うことができるとされ、親子再統合プログラムを実施しているNPO法人等の団体等に委託することができるとされている。

　平成29年度以降の全国児童相談所長会議の資料として、「児童相談所業務の民間団体等への委託状況」が公表されている。

　これによると、平成29年度、30年度、31年度、令和2年度、3年度、4年度、5年度については、次のとおりとなっている。

　厚生労働省子ども家庭局家庭福祉課によると、民間団体等への委託状況については、令和3年度通告後の安全確認は埼玉県、三重県、大阪府、札幌市、神戸市、北九州市、福岡市、令和3年度家族再統合・保護者支援プログラム実施自治体は宮城県、栃木県、富山県、京都府、大阪府、和歌山県、広島県、山口県、横浜市、相模原市、京都市、大阪市、堺市、岡山市、福岡市、東京都江戸川区とのことである。

　児相業務の一部民間団体等への委託は全体的には52%から88.5%と多くなっている。

図Ⅱ－1　児童相談所業務の民間団体等への委託状況

（各年度4月1日現在、項目の文言は一部省略して掲載）

	平成29年 （52%）		平成30年 （61%）		平成31年 （70%）	
通告後の安全確認	3	（5%）	5	（5%）	6	（5%）
家族再統合・保護者支援プログラム	11	（17%）	15	（14%）	14	（11%）
措置解除後の安全確認	1	（2%）	1	（1%）	1	（1%）
措置解除後の相談・支援	4	（6%）	5	（5%）	8	（7%）
受付業務			17	（16%）	21	（17%）
相談対応業務	3	（5%）	3	（3%）	6	（6%）
里親委託業務	14	（21%）	23	（22%）	28	（23%）
養子縁組業務	3	（5%）	4	（4%）	6	（5%）
研修業務	5	（8%）	18	（17%）	20	（16%）
一時保護に関する業務			6	（6%）	7	（6%）
その他	9	（14%）	8	（8%）	6	（5%）

	令和2年度 （73.6%）		令和3年度 （82.4%）		令和4年度 （88.2%）		令和5年度 （88.5%）	
通告後の安全確認	6	（4%）	7	（4%）	8	（4%）	9	（4%）
家族再統合・保護者支援プログラム	11	（8%）	16	（9%）	18	（9%）	19	（8%）
措置解除時の必要な助言	1	（1%）	2	（1%）	2	（1%）	1	（1%）
措置解除後の安全確認	1	（1%）	1	（1%）	1	（1%）	1	（1%）
施設入所措置等解除後の相談・支援	13	（9%）	15	（8%）	19	（9%）	17	（7%）
受付業務（「189」等電話受付、窓口受付）	23	（16%）	24	（13.2%）	29	（14%）	31	（13%）
受付業務（夜間等の窓口対応）	3	（2%）	5	（3%）	7	（3%）	11	（5%）
相談対応業務	9	（6%）	11	（6%）	11	（5%）	15	（7%）
里親委託業務	33	（23%）	43	（24%）	53	（25%）	56	（24%）
養子縁組業務	6	（4%）	12	（7%）	10	（5%）	7	（3%）
研修業務	22	（16%）	25	（13%）	31	（14%）	34	（15%）
一時保護に関する業務	7	（5%）	9	（6%）	10	（5%）	11	（5%）
その他＊	7	（5%）	10	（6%）	16	（7%）	19	（8%）

＊児童虐待を防止するためのSNSを活用した相談事業、児童措置費負担金の本人負担分の未収金回収等。

出典：各年度全国児童福祉主管課長・児童相談所長会議資料から筆者作成。

この統計を見る限り徐々にではあるが民間等への委託は進んでいるものもある。特に、相談受付業務、相談対応業務、里親委託業務、研修業務については顕著である。

　しかし、児相が一番人出と労力、時間を必要とする「通告後の安全確認」と「家族再統合・保護者支援プログラム」については微増の傾向に留まっている。

　民間委託は運営指針等で認められているが、これを見る限り、委託業務の実施は急激に進んでいるわけではない。その理由として考えられるのは

（1）虐待する保護者への治療プログラムを得意とする民間団体がまだ少ない。

（2）通告後の安全確認は比較的軽微なものに限られる。委託の範囲で問題が解決　　されるようなものに選択される。

（3）個人情報の管理が厳密に行われる必要がある。

（4）ケースの進行管理についての児相の関与の度合い。

等々全面委託ができるものとできないものがあり、またその区別は重要である。特に初期対応について、十分ケースの把握が行われ、子どもの安否確認がとれるかは重要なことである。

第4章

虐待通告と介入

4.1 | 通告に対する介入について

　児相のケースワークの一番難しいところは保護者の協力を得ながら支援を進めていくことだけに限らず、時には子どもを守るために保護者の同意を得ずして職権を行使し、保護者の元から子どもを引き離すことも行わなければならないことである。しかもその後は保護者への指導や支援を行わなければならないという相反する役割を果たさなければならないことにある。従来のケースワーク理論には見られない包括的な動きをしないとできない。

　長い間行われてきたこの新しいケースワークの手法が児相の中で体系化され受け継がれてきているかというと必ずしもそうではない。このため次のようなシステムが現在行われつつある。

4.2 | 虐待通告から介入そして支援へ：
　　　初期介入を民間委託すること

　虐待通告に対する介入とは「児童虐待の防止等に関する法律」ができる以前は全て児童福祉法第25条の「要保護児童発見者の通告義務」により、児相が

初期介入を行っていた。

　しかし、この条文には「虐待」という文言はなく、「要保護児童」の中に含まれていると解釈しているが発見者にダイレクトに届かないきらいがあった。そこで国はいくつかの通知で解釈を補う形をとらざるを得なかった。

　時代を振り返ると、戦前、昭和8年に児童虐待防止法ができたときに、それに呼応する形で東京府に児童擁護協会が設立され、虐待通告を受け調査を行って保護し、時には警察の協力を受けながら行っていた。現在では児相がその役割を担っているが、その一部を民間団体に委託するという形をとると、当時の児童擁護協会の存在がそこに重なってくる。こういったノウハウを持つ民間団体は多くはない。そこで、独自のNPO団体（例えば、児相OB、児童養護施設勤務経験者などで構成される団体）を立ち上げることで、そこに介入、ケアを委託することができないものかと思っている。児相や施設での貴重な経験を活かすことができるし、児相と一体となって活動が可能なほか、守秘義務のリスクも担保できる。

　現在、初期介入を民間委託している児相が少数ではあるが出てきている。これは、児相業務が虐待相談の増加で多忙を極めている中で通告があった時点で緊急受理会議を開いてケースの難易度を判断し、軽微と思われるものは民間団体に委託し、そうでないものは児相が行うというシステムをとっている。しかし、民間団体側からすると自分たちが初期介入（家庭訪問等）を行ったあとの状況について把握できないので自分たちの行っていることが果たして妥当であったかどうか検証ができない。このため初期介入の方法についての積み重ねができていかないという嫌いがある。現在の状態では、児相は委託しっぱなし、民間団体は受託した部分の一コマだけを行えばよいというぶつ切り状態であったとしたら双方にとって望ましいことではない。民間団体の力量アップにつながらないとしたら残念なことである。この点を補う仕組みを考える必要がある。

4.3 ▎ 公的機関による初期介入（神戸市こども家庭センター他）

　神戸市こども家庭センター（神戸市児童相談所）は大型児童館と同一建物内にあり複合施設となっている。この大型児童館の実施する療育支援事業において、こども家庭センターの障害相談部門との連携を図っている。神戸市は10区役所と1支所があり、令和3年度の事業報告によると、ここに子ども家庭支援室を設置し児童虐待通告相談の窓口となっており、福祉職を配置している。緊急度や重症度において、比較的軽度と判断されたケースは支援室が独自で調査、対応し、重度と判断されたものはセンターへ通告・送致される。区子ども家庭支援室の相談受付件数をみると、平成23年度〜令和2年度の10年間で6倍の件数増加となっている。神戸市こども家庭センターの特色の一つとして令和2年10月に現職警察官を「児童虐待対策担当課長」として配置している。このことは児相が警察機能を持った形ではないが、児相の体制強化を図っている。

　また、相模原市では、市内の3つの行政区にある子育て支援センターにおいても虐待通告を受けて介入し相談を行っているが、緊急性や虐待の程度により、児相と協議し対応を検討している。さらに、さいたま市では10区の支援課にある子ども家庭支援拠点が虐待通告相談の支援拠点となっている。

4.4 ▎ 児童相談所の一極集中型でできる東京都特別区

　各区において従来から子ども家庭支援センターが置かれ、児相への通告相談の前に、より身近な区において対応できるようになっている。東京都は従来、児相はすべて都の機関であったが、法改正により、令和2年度以降、区においても順次、児相が開設されている。したがって、今後は神戸市のように同一自治体内において児相と子ども家庭支援センターが密接に連携しながら対応でき

ることが期待できる。介入から支援（ケア）まで一体的に関与できる。

4.5 初期対応と警察との連携

　令和3年3月20日NHKニュースで埼玉県警は警察本部に生活安全部少年課児童虐待対策室を設置したという報道があった。虐待通報をキャッチすると同時に該当する各警察署に支援を行うための専従職員を13名配置している。こういった組織は全国的にみて大阪府警に次いで2番目であるという。

　既に各児相には警察官あるいは警察官OBが配置されており、介入や家庭訪問時の対応が円滑に行われるようになっているが、警察も本格的に虐待防止に力を入れる証といってよいだろう。ケースの住み分けという点では、現在、心理的虐待として警察から児相に面前DVを主訴に通告されるが、介入から相談を含めて対応を第一義的には警察で行うようにしたら児相の負担はもっと減る。現在、埼玉県では警察との連携強化を進めており、双方いずれかに通告があり取り扱っているケースについて情報の共有を行っている。警察にDVの通報が入った場合、もれなく児相に通知するように県警本部は指導しているようだ。たとえ、子どもが寝静まった後、夫婦間でのトラブルで通報があった場合や、乳児の場合でも面前DVということで児相へ通告する。また、児相で痣傷を発見した場合は警察に通報し警察が対応するという仕組みになっている。

　虐待通告への対応はどこが行うことが適切か。私が聴いた多くの児相関係者は基本的に介入は警察が行えばよいという意見であった。私も同感である。

　現在、児相に警察官が配置されており、面接や家庭訪問等に同行して保護者に対応し、児相としては大変助かっているという話を聞く。しかし、身分はあくまでも児相職員であるという。そこで一歩踏み込んで、駐在させているということで警察権を行使できないものか。他国においては警察が第一義的に介入しているところもある。警察は昼夜を問わず犯罪に対応している。夜間対応ができずに警察に一晩一時保護委託をしたケースを経験したことがある。虐待は

犯罪である。虐待の疑いによる近隣住民等からの「通告」とは本来の「相談」とは別物だと思う。したがって、今後とも初期対応は児相で第一義的に行う性質のものなのかよく検討してみる必要がある。

第5章

家族再統合事業：
単に家庭に戻すのではなく
地域に戻すという視点

　家族再統合事業でその適用が一番考えられるのは、虐待を保護者から受けて児童養護施設等に入所したケースの場合である。この場合、従来は虐待する保護者から子どもを離し、身の安全を確保するだけでなく、子ども自身が生活を立て直し、心身の健康を取り戻すケアを行う。保護者に対しては定期的な面接を重ね子どもとの関係を見直し、虐待という行為を改め直すことを考えるようになったこと、外出、外泊を重ねた結果によりそのことが実証できたと評価した時点で子どもを家庭に帰すという方法をとってきた。しかし、こういった親子だけの、そして親子別々のケアのあり方は必ずしも家族再統合を上手く果たせるということにはならない。なかには虐待が再燃するケースも多々見られる。これは何故だろうか。

　虐待は親子の相互関係ばかりでなく家族の力動関係や地域からの孤立などの中で生じることが多い。したがって家族の人間関係の変化、家族を取り巻く学校、保育園等の関係者や要保護児童対策地域協議会議の意見も踏まえ評価を行うことが重要である。プロセスとしては保護者支援プログラムを併用しながら、担当者のサポートのもとに親子一緒の生活場面での体験と外出、外泊を重ねることによって親子の関係を評価する。この二つが相まってゴールを見出していく。このためには児相のアウトリーチは欠くことのできない要素となる。

5.1 ┃ 家族再統合に関する国の考え方、通知、根拠

　児童虐待の防止等に関する法律第4条において「迅速かつ適切な児童虐待を受けた児童の保護及び自立の支援」並びに「児童虐待を行った保護者に対する親子の再統合の促進への配慮その他の児童虐待を受けた児童が家庭（家庭における養育環境と同様の養育環境及び良好な家庭的環境を含む）で生活するために必要な配慮をした適切な指導及び支援を行うため」とあり、家族再統合を目指して支援するが、必ずしも、元の家庭復帰にこだわらず、家庭における養育環境と同様のあるいは良好な家庭的環境で生活することも含めている。

　厚生労働省は「児童虐待を行った保護者に対する援助ガイドライン」を示しているがその中で「児童福祉施設入所措置等を採る保護者援助」について親権者同意の施設入所と28条入所の両方について細かくプロセスを交え説明している。

　なお、国が示した「児童福祉法の一部を改正する法律（令和4年法律第66号）の概要」において「都道府県等・児童相談所による支援の強化（2.　関係）」で「措置解除等の際に親子の生活の再開等を図るため、親子再統合支援事業を制度的に位置づける」としている。

5.2 ┃ 保護者に対する心理アセスメントの必要性と保護者支援プログラム

　プログラムを適用するためにアセスメントは重要である。その多くは、保護者のライフヒストリーを聴くことによってわかってくるが、更に虐待行為にコミットする部分を把握する必要がある。虐待を行う理由として保護者自身の被虐待経験によるトラウマや虐待への執着、性格上の問題という「親自身の内的なテーマ」（栃木県中央児相）があるからだ。したがって、適切なプログラム

の選択と実践を行うためには保護者についても心理検査を行い、客観的データを把握し場合により親とともに共有しながら実践する必要がある。

その際、結果については、ストレングスやエンパワメントも考慮に入れることが大切である。

現在様々なプログラムが開発され実践されている。国が民間に委託調査を依頼した結果、保護者支援プログラムに使われているプログラムは次のとおりである。

なお、その他のプログラムは18件あり、全体で合計30件のプログラムが実施されていることになる。

使用プログラムの種類（複数回答）は次のとおり。全体で88か所の児相が回答している。

表5－1　保護者支援プログラム
使用プログラムの種類（複数回答）全体で88か所の児相が回答

使用プログラムの種類	回答数	割合
CSP	32	36.4%
CARE	24	27.3%
精研式ペアレントトレーニング	24	27.3%
TF-CBT	22	25.0%
PCIT	21	23.9%
MY TREEペアレンツ・プログラム	12	13.6%
Tripl P	7	8.0%
AF-CBT	7	8.0%
COS・プログラム	2	2.3%
CRC親子プログラム	2	2.3%
男親塾	1	1.1%
Positive Discipline	1	1.1%
その他	18	20.5%

出典：「令和3年度子ども・子育て支援推進調査研究事業　日本における保護者支援プログラムの普及・啓発に関する調査　事業報告書」．

使用プログラムの種類については一部を除いて、「児童相談所における保護者支援のためのプログラム活用ハンドブック」及び「保護者支援プログラムの効果的な実施に向けたマニュアル」（いずれも巻末の参考文献・資料）で解説

されているのでホームページによりご覧いただきたい。プログラム選択の際の
基本的考え方についても詳しく載っている。

　次に、これらのプログラムをどこで実践することが適切なのかということで
あるが、入所や一時保護委託の場合は、施設内の家族訓練室等で保護者支援プ
ログラムを行い、平行して親子交流場面を設定することがふさわしい。セッシ
ョンの終わった後に場面の共有とともに、振り返りの中で評価を行い、コーチ
ングしていく手法に着目した。これは、カウンセリングのような相手の気づき
や洞察といった保護者自身の問題解決意欲が起こってくることに期待するので
はなく、共に問題解決への道筋をどのようにつけるべきかを探っていくことで
手ごたえを実感できることになると考えている。

　治療者にとっては、評価を行い、保護者の変化をまじかに捉えられ、保護者
にとってはとても具体的でわかりやすく、何故、虐待行為に走ってしまったの
かを実感できる。

　池田由子氏はかつて、著書『児童虐待』の中で入所ではないが「劣等感の強
い未熟な親に対しては、適切な子育ての方法を再教育することが必要である。
このためには口で知識を解くのでは不十分である。家庭訪問をして実際のやり
方を見せて体験させつつ教えるか、デイケア・センターのように母子がいっし
ょに通所して、朝から夕方まで一定の時間施設に他の母や子どもたちといっし
ょに滞在するという、小集団方式が効果的のようである」と述べている。そこ
で、この考え方に基づいた取り組みが子どもの入所している施設や児童相談所
で現在行われていることを調べた。

5.3 ┃ 事例1：埼玉県児童相談所における家族支援、家族再統合

　埼玉県では児童相談所において「家族支援担当職員を各所に配置し、平成
20年度からは『家族支援プログラム』に基づいて施設に保護した児童の家庭
引き取り」など、家族再統合に取り組んできている。その概要は「児童や養育

者の状況を家庭支援評価シートにより評価し、基本の家族支援プログラムを参考に個別の事情に合わせた個別プランを作成する。個別プランにしたがって支援を実施した結果を再び評価して個別プランを進めていく」というやり方を採っている（令和4年度版（令和3年度実績）児童相談所業務概要「埼玉の児童相談」）。

　この家族支援評価シートは14項目のチェックリスト*1から成り立っており、ケースの全貌が把握され「総合評価と必要な支援」が導き出される。そしてレーダーチャートとして表されるため一目瞭然でわかりやすくなっている。これにより、支援の過程で評価を行うことによって支援の効果や足りない部分、進捗状況等が把握しやすい。このシートは家族再統合のプログラムを進めるための初期評価に限らず、再統合に適さないとのアセスメントにも使える。この評価の中で「子どもの状況」の項目は心理判定の結果に基づいて記入されるが、近年ではSCT、P-Fスタディ、バウムテストといった従来から使用されている心理検査のほか虐待ケースの増加により、TSCC評価票、心的外傷後ストレス障害インデックスといったトラウマチェックリストが使われている。また、発達障害を調べる評定シートなどを組み合わせて「育てにくさ」をアセスメントすることもできる。

　総合評価に基づき診断会議（埼玉県で援助方針会議に該当する会議）にかけられて、児童相談所の決定により家族支援プログラムが進められていく。プログラムの進捗状況によって親子の面会を重ね、外出、外泊、施設の家族訓練室等を利用し親子の交流の様子により、再統合の時期を決めていく。

　これに対し某施設では、次のような家族再統合を含め、本体施設とは別に施設を設けて実施している。

---

*1　子の発達状況、子の精神的安定、子の生活能力、養育者の心身の健康度、養育者の精神的安定度、養育能力、経済状態、生活環境、親子相互の愛着（子ども側）、親子相互の愛着（親側）、家族関係、虐待の認知度、虐待の虞（再発する危険性）、支援の受入れ度。

［埼玉県内某児童養護施設／令和4年6月30日取材］

埼玉県内某児童擁護施設では入所児童の約8割が被虐待児童であるため、今年度から心理担当職員を常勤で配置し対応に当たっている。この施設では親子訓練・自活訓練のための棟（さくら棟）が本体施設の生活棟とは別にある。多くの他の施設では、家族再統合のための設備は施設内の部屋に設定されているが、この施設では独立した棟

本体施設とは別に、敷地内に訓練棟がある。2つの家族が利用できるよう左右に玄関が付いている。屋内のつくりは同じである。

が用意されている。ここの棟の主な利用については次のとおりである。

（1）家族再構築のための支援

親子交流とともに1泊ないしはそれ以上の宿泊を行い、家庭に外泊する前の家族で共に過ごす体験を行っている。棟は入り口を別として2家族が受け入れられるつくりとなっている。内部は居間、キッチン、トイレ、浴室からなる。生活棟とは電話でつながっている。対象児童は主に幼児から小学生である。

リビング

宿泊ができるように寝具が用意されている。

バスルームと洗面所　　　　　　　　　　面接室

（2）自立のための支援（自活訓練）

　児童養護施設のリービングケアの一環として行っている。対象は主に高校生であり、1人年間2回の宿泊を伴う自活訓練を計画し実施する。食育の一環として自炊も行う。訓練の内容は、本人が「プラン」「調理メニュー（2日分）」「調理結果（食材費収支、料理の写真）」「清掃チェック表」「感想」を記録し振り返りを行う。特別支援学校の高等部の高校生も職員のフォローで行っている。

心理治療室　箱庭療法室　　　　　　　　広い園庭

（3）里親委託に向けた支援

　里親委託に向けたプログラムの一環として、里親候補夫婦と児童との交流の場として、まだ外出までは至っていないケースを園内でともに過ごすため利用している。

現在は新型コロナ感染の関係で子どもの隔離のための棟としての利用も臨時に行われているが、感染状況が収まってくれば家族再構築としての利用を勧めたいと考えている。

本体施設とは分離されており、多様な使われ方をしているが、これだけの設備が整った施設は数少

子どもを遊ばせながら面接ができる部屋

ないのではないか。家族再統合に適用できるスタッフを揃えて是非取り組んでいただきたい。そのためには児相や自治体の強力な支援が必要である。

次の宮城県仙台市の施設と神奈川県相模原市児相の家族再統合プログラムは親子の生活体験を通じて再統合を図ることが特徴となっている。

5.4　事例２：宮城県における家族再統合事業

［社会福祉法人「仙台キリスト教育児院」みやぎ里親支援センターけやき（ファミリーネットみもり）／令和3年11月23日取材］

社会福祉法人仙台キリスト教育児院は児童養護施設の他、乳児院、児童心理治療施設、特別養護老人ホーム、みやぎ里親支援センター「けやき」等を運営している。

この法人では家族再統合支援業務を宮城県から委託され令和3年度から事業を開始した。委託事業の対象者としては、次のとおりである。

（1）施設入所中や里親委託等で保護者と分離している児童（保護者等からの虐待による分離のみならず、児童への養育能力不足や理解不足、経済的理由など分離に至った要因を問わず対象とする）

（2）保護者等と分離していないが、保護者等が育児不安を抱えており、将来的に 親子分離の可能性がある児童

　施設に入所中ばかりでなく、一時保護委託中や里親に委託中ないしは一時保護委託中のケースも対象となっている。この事業は法人の運営する事業、みやぎ里親支援センター「けやき」の2階部分を使って「ファミリーネットみもり」という名称で行っている。

　仙台駅から車で約15分のところにある「ファミリーネットみもり」を訪ねた。家族再統合支援業務担当の小野寺氏と宮城県保健福祉部子ども・家庭支援課子ども育成班の藤田氏から用意されたレジメに基づいて話を聞く。県内4か所の県の児童相談所（中央、北部、東部、気仙沼支所）と乳児院、児童養護施設がケースの選定について協議、調整を行い、各児相から優先順位を考慮して支援ケースを選択し、みもりに打診しこの業務を利用している。

　現在のところ、宮城県内の5か所の児童養護施設、2か所の乳児院がプログラムの対象となっている。事業の内容については説明資料の「保護者支援プログラムに向けたケースワークの流れ」等によると標準的なプログラムでは毎回1組の保護者がまず、導入部分のオリエンテーション（ガイダンス）を受ける

ことから始まり、臨床心理士が行うペアレントトレーニング等に参加し、最後の回で振り返りを行うようになっている。但し、このプログラムは下記の図のように一律に行うのではなく、ケースごとにアセスメントを行い、ニーズや課題に応じてプログラムの構成内容をアレンジしている。

（プログラム例）

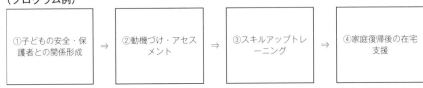

（提出資料に基づき筆者が作成）

また、このプログラムに平行して段階的親子交流プログラムにより、面会、外出、外泊が行われている。

①子どもの安全・安心の確保、親とスタッフとの関係づくり

　ガイダンス、プランニング、ペアレントトレーニングの目標確認など

②動機づけ・アセスメント

　養育の見直し、親が良い方法を見つけ出すことに取り組むための動機づけ

③スキルアップトレーニング

　親が子どもが出す欲求のサインに気付き、これに的確に反応・対応できるようになるスキルの獲得の親子交流

　例：なるほど子育てプログラム、親子で楽しく遊ぼう、子どもにつくろう、子どもとつくろう、ペアレントトレーニングなど

④家庭復帰後の在宅支援

　親子で楽しく遊ぼう、子どもにつくろう、子どもとつくろう、ペアレントトレーニング

6回程度のスキルアップトレーニングでは、子どもと別室（親子交流室）で一緒に遊び等を通じて親子交流を行い、トレーニングで習得した新たな親子関

係のスキルを実践し、日常の親子の関わりに応用させる。終了後は、親子で外出、自宅での外泊にもつなげ、再統合をより現実なものにしていく。

親子交流室ではおもちゃやソファーが置かれ親子でくつろげる環境となっている。

　親子交流室の隣には、炊事ができたり、ユニットバスがあり、ここで宿泊が可能となっている。階下にもひとまわり大きな同じような宿泊環境とスペースが備わっている。児童養護施設の元小規模グループケアユニットを転用している。

　また、親子交流の実践だけに終わらせず、親子交流記録を書いて保護者にも渡し、自分と子どもとの関係を改めて第三者の目を通じて客観視させていく。スタッフは保育士3名、臨床心理士1名、その他、同法人内乳児院や児童養護施設と連携した支援スタッフが数名となっている。現在は在宅ケースの利用にはまだ至っていないが、今後は委託仕様書にしたがってプログラムを利用させることを考えている。また、委託条件になっている保護者に対する研修会は一般県民を対象としたペアレントトレーニングを、令和3年10月25日（月）に白石市で「怒鳴らない子育て」をテーマに行った。更に年度内に県内3か所で実施する予定である。こういった、アンガーマネジメント等の講習会を行ことは虐待予防にもつながることが期待できる。

　児童相談所業務の民間等への一部委託については全国各地で行われ始めているが、今までの調査地域では、児相等を会場とし、委託団体のスタッフを入れて保護者支援プログラムを行うことや外部の大学あるいはクリニックに保護者

を紹介し、カウンセリング等を委託するなどであった。これに対し、宮城県では入所中の児童の家族に、保護者支援プログラムを実施し、施設内という疑似家庭環境でスタッフの支援を受けながら親子相互交流を行う中で親子関係の改善を図っていく。このやり方は保護者にもケアの効果が実感として受け入れられる可能性が高いと思われる。

5.5 事例3：神奈川県相模原市児童相談所

[親子関係再構築・家族再統合支援／令和4年6月13日取材]

　相模原市児童相談所は市が政令指定都市になる前の神奈川県の相模原児童相談所から建物と職員の専門的技術を受け継いできた。県児相時代は家族デイプログラムを実施していたが、市児相になってからは児童養護施設と連携し新たに親子の宿泊を伴う支援プログラムを展開している。その内容は次のとおりである。

　児童養護施設「相模原南児童ホーム」に入所しているケースを対象とし、施設にある親子交流室2部屋を使用して保護者も子どもと一緒に泊まって「家庭体験」をする。施設入所中のケースばかりでなく、一時保護委託中のケースを含めて行っている。

　全てのケースではないが、家庭復帰が可能かどうか面接を通してだけで判断するのではなく、遊びや食事をつくって一緒に食べる等親子の交流を体験するなかで評価を行いながら、親子関係の再構築と家族再統合を行っていく。

　就学未満の子どもの場合は、親子関係性の評価として、事前に保護者にレクチャーしたうえでプログラムに沿った遊びを親子にしてもらい、そこで親子間の交流がどのように行われたかの評価をする。また、就学未満の子どもに限らず、子どもとかかわる場面において保護者がとった反応についてインタビューを行い、現時点における親子の関係性を評価する。いずれにしても、保護者と子どもとの交流の場面を動画撮影し、それを後で保護者と一緒に観ながら、そ

の時に声掛けした気持ちや行動について尋ね、振り返りを実施するという方法をとっている

　親子相互交流法（PCIT）では、別室から保護者の子どもへの言動に対しライブでコーチングを行い、子どもに対する望ましい接し方を強化させるが、相模原市児相の場合は、録画した後に振り返りを行い、保護者とともに課題を共有し、改善していく方法を採っている。

　「家族支援のためのプラン」全体の流れの中では、施設での面会期の段階から、外出期、外泊（短期、長期）期、退所後の在宅期の中で課題を設定し振り返り面接を行って実効性を高めている。子ども単独のケアではなく、保護者とともに行われていること、評価を繰り返しながら内容を保護者とともに共有し、段階的にケアを行っていくことが特徴であるといえる。スタッフは専任の親子支援担当職員（児童福祉司、児童心理司）、担当ケースの児童福祉司と施設担当職員と連携して実施している。

　動画を一緒に観ながらスタッフから指摘されたコメントを踏まえ振り返ることで、自身の言動を客観的に認識する機会となり、改めて気づくことも多い。虐待の再発防止を目指すためには、主体的に考え、感じることが効果をもたらすことになる。この点から相模原市児相は「『見える化』を利用した確認」と「客観的評価」を重ね、着実な再統合を行っている。今後の課題としては、全ケースに対応することは難しく、また、保護者が積極的に参加することが必要なため、保護者の変化したい、気づきたいという動機づけが重要である。

相模原市児童相談所（外観と施設内受付）

これ以外に、在宅ケースを対象として「ファミリーグループカンファレンス」と称し、親グループを実施している。親子支援担当の児童心理司がファシリテーターとなり、嘱託医の精神科医が参加し、研修及び保護者のグループによるディスカッションを実施している。

（1）　事例2、事例3ともに、施設に入所している子どもと保護者がプログラムの対象である。一時保護委託のケースにも適用している。

（2）　入所している施設の部屋を使って家庭場面をつくりその中で親子の交流を図っていくことにより家族再統合に結びつけるプロセスをとっている。

（3）　毎回のセッションの中で評価をきちんと行っている。その評価について宮城県の場合は保護者に評価結果を開示し、保護者の受け止め方から面接を展開するが、相模原児相の場合は各場面をビデオに撮り、振り返りという形で保護者にも見せるやり方を採っている。

［民間医療機関との連携協働／あおきメンタルクリニック／令和5年3月9日取材］
　相模原市児童相談所の家族再統合事業の支え手となっている「あおきメンタルクリニック」（藤沢市湘南台）の代表、青木豊先生からお話を聞く機会をいただいたので最近のクリニックの外来を受診するケースや児相との関わりを紹介する。
　ここのクリニックでは成人や青年を含むすべての年齢層を対象とした心療内科・精神科外来診療を行っていて適応障害やうつなど軽症事例を主に扱っている。また、投薬治療やカウンセリングばかりでなく認知行動療法、精神分析的心理療法等を用いて治療を行っている。特に乳幼児家族外来を設けており、その事例としては

● 母親の産後うつや育児に対する不安

● 子どもの睡眠、食事などの行動上の問題

● 育児困難や虐待をしてしまうという不安

● 子どもの心的外傷後ストレス障害の問題

などが挙げられるが、乳幼児の精神病理、愛着障害、PTSDに焦点を当て、母親と乳幼児の関係性を扱った治療を行っている。乳幼児虐待は統計的にも過半数を占めている重要な問題である。家族再統合事業では虐待を受けた子どもと親の関係性評価を行っている。

　従来は不適切な養育や軽微な虐待相談は県児相の場合、市町村が、まず第一義的に相談に対応するという仕分けを行ってきた。しかし、市町村によっては力量に差があり任せきれない場合が多々見られた。お話を聞いて児相の身近な地域に乳幼児の精神保健の相談ができるクリニックがあることはとても頼りになると感じた。次に述べる栃木県中央児童相談所の場合も虐待のレベルや質により、地元の大学が運営しているクリニックやNPO法人にケースを紹介している。相模原市児相とこのクリニックでは相互にケースの紹介が行われている。信頼の置けるクリニックによる支援は他の自治体でも民間委託という形で行われており、なにも公的機関同士にこだわる必要はないと思った。

　先生は盛んに評価の重要性を強調されていたが、こういった外部の専門機関の見立ては児相のアセスメントのレベルを高めることにつながることになる。

　このクリニックには乳幼児家族外来のための専用ルームが設けられており、相談に対し精神科医、臨床心理士、精神保健福祉士からなるチームによるきめ細かい取り組みを行っている。スタッフの層が厚いのもこのクリニックの特徴である。

5.6 | 事例４：栃木県中央児童相談所

[令和5年2月2日取材]

　栃木県中央児童相談所はJR宇都宮駅からバスで30分のところにあり、男女共同参画センター（パルティ）の隣にある。岩井所長補佐から資料に基づいて

ご説明いただいた。その概要は
次のとおりである。

保護者支援プログラムによる
家族再統合を家族支援事業とし
て位置づけている。

虐待をした保護者は、保護者
自身に被虐待歴やDVなど被害
体験を受けた者が少なくなく、
それが子どもとの関わりにおい

栃木県中央児童相談所（外観）

て虐待という事象として現れる場合がある。そのことも含め、虐待の再発を防
ぎ、親子の適切な関係構築を目指すためには、保護者の認識や行動の変容が必
要であることから、虐待をした保護者に対する治療的・教育的プログラムとし
て、平成24（2012）年度から外部機関への委託も含め次の家族支援事業を実
施している。

まず、個々の虐待事例についてのアセスメントを行う。支援方法については
図に示すように虐待における家族へのアプローチを、次の3つに分類する。

図5−1　三層構造による家族支援アプローチ

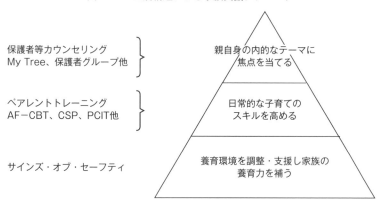

保護者等カウンセリング
My Tree、保護者グループ他
｝　親自身の内的なテーマに
　　焦点を当てる

ペアレントトレーニング
AF−CBT、CSP、PCIT他
｝　日常的な子育ての
　　スキルを高める

サインズ・オブ・セーフティ
　　養育環境を調整・支援し家族の
　　養育力を補う

(筆者作成)

（1）養育環境を整備・支援し家族の養育力を補う

- 様々な社会資源を家族のニーズに応じて選択し提供することで、家族の養育力を補っていくことがテーマになる。具体的には、保育園の利用、ヘルパーの派遣、医療機関への通院、公的な扶助の受給などの社会資源の提供を図る。

- ファミリーグループを開拓しインフォーマルネットワークを構築することで、家族に対する応援団を増やす、また、アウトリーチを行い安全・安心のモニタリング体制づくりを行っていく。

　以上のために主に活用が考えられるアプローチはサインズ・オブ・セーフティである。

（2）日常的な子育てのスキルを高める

- 保護者の子どもに対する虐待をやめる、ないしは虐待に変わる方法を学習させる。

　主に活用が考えられる心理教育、心理療法はコモンセンス・ペアレンティング、精研式ペアレントトレーニング、トリプルP、AF－CBT、ノーバディーズパーフェクト、PCIT、CAREなどである。

（3）保護者自身の内的なテーマに焦点を当てる

- 精神医学的な治療や親自身のトラウマに焦点を合わせた心理治療、原家族との関係や育ちをテーマとして治療的に扱う。

　主に活用が考えられる技法は、保護者グループ（母親グループ、父親グループ）、MCG、MyTreeペアレンツ・プログラム、認知行動療法等、様々な家族療法がこれに該当する。

　これら3つのアプローチを家族に応じて組み合わせて考えていく、つまり、家族支援アプローチを行っていくためには、サインズ・オブ・セーフティをソーシャルワークの基盤と考え、その上に児童心理司を中心とした心理支援を行い、さらに必要に応じて親自身の内的なテーマにも支援できるようにするために外部機関への委託等を行う。

　しかし、この治療の三層構造を対象となるケースにすべてあてはめて行うの

ではなく、ケースの個別性に応じて、例えば親自身のトラウマには至っていない場合には（1）と（2）、親のスキルが上がっても家庭環境が不安定である場合は（1）を、支援基盤が問題ないケースには（2）と（3）を組み合わせ、取捨選択して行う。

　こういった組み合わせをした上で施設入所（乳児院、児童養護施設）のケースの場合、治療期間等を以下の4パターンの支援ルートにより行う。

（1）短期：支援計画を作成し、所内における家族支援会議で再評価した上で再統合に結びつけ、1～2年以内に家庭復帰を目指す。

（2）中長期：面会交流の計画を立て、具体的な家庭復帰を目指す段階で支援計画表を作成する。2～5年は入所を継続する必要がある。

（3）自立：面会交流の計画を立てて、施設において実践し、家庭復帰は前提とせず施設からの自立を図る。

（4）里親：施設入所後に里親支援会議を経て里親委託を進める。

　したがって、家族再統合の意味するところは必ずしも家庭復帰だけではない。また、児相で行う親支援のプロセスと並行して入所している子どもに対する次のようなフォローアップ事業を児相で行っている。

（1）目的：自発性や自己表現の方法を試しながら、達成感や自己有能感を育てる。

（2）対象者：児童養護施設に入所中の小4～6年生を対象

（3）内容：SSTにやさしいアサーティブトレーニングを加味したゲームや遊びなどのリラクゼーション

（4）実施期間：毎月1回

　それぞれの虐待事案の特徴と家族再統合に合わせたプランをつくり、その中で、治療構造（縦の構造）と治療プロセス（横の構造すなわち時間）を組み合わせて行っている。プロセスの中で、ケースの再評価を行って客観性を担保し

ている。保護者自身も治療側もどの段階にあるのかを理解しやすいきわめて巧みにできた家族支援プログラムである。さらに、児相内だけでなく場合によっては、外部委託*2をして民間活用を図り、無理のない態勢にも配慮している。

　さらに、今後の課題等についてお聞きしたところ次のことを指摘された。「プログラムを実施するためには、職員の技能も必要で、サインズ・オブ・セーフティにしてもペアレントトレーニングにしても職員の技能習得のためにそれなりの研修や実践が必要であるが、そのための体制が整っていない。職員がそのようなプログラムを習得し、専門性を担保するための負担（経済的・時間的）を減らしていく体制や仕組みが必要である」とのことである。

5.7 ┃ 事例5：東京都児童相談センター

[残された課題、虐待する男親へのアプローチ／家族再統合における男親グループ「やっほー」／令和5年3月14日取材)]

　虐待による子どもの死亡事例は継父を含め父親、又はこれに代わる男性が絡んでいる例が多い。そんな中で東京都児童相談センターの父親グループの存在を知った。

　東京都児童相談センターは「東京都教育相談センター」「警視庁新宿少年センター」とともに「東京都子供家庭総合センター」を構成している複合施設の一部門である。児童相談センターは固有の児相機能の他に中央児童相談所*3としての機能を備えているが、その一つが家族再統合のための援助事業である。

---

*2　マイツリー・ペアレンツ・プログラムについては特定非営利活動法人「だいじょうぶ」に、保護者等カウンセリングは「作新こころの相談クリニック（作新学院大学内)」に委託している。

*3　中央児童相談所を置くことについては「都道府県知事、指定都市の長及び児童相談所設置市の長は都道府県等内の連絡調整や相談援助活動を円滑に行うため、児童相談所のうちの一つを中央児童相談所に指定することができる」（児童福祉法施行規則第4条、第5条及び実務コンメンタール　児童福祉法・児童虐待防止法　有斐閣)。

東京都児童相談センターでは以前から男親に対するグループ・カウンセリングを行っている。その概要は次のとおりである。

　当該センターでは都内の児童相談所（特別区を含む）からの依頼を受けて本人と面接し、参加を決め各児相の家族再統合事業の一翼を担っている。その内容は図5−2のとおりで「家族合同グループ心理療法」と「親グループカウンセリング」から構成されている。前者は施設等から引き取りの見通しが立っている事例で、親はペアレントトレーニングを含めて学ぶグループであり、後者は必ずしも支援が進んでいない事例も含めて親自身のケアに重点を置いたグループとなっている。両グループとも対象は子どもが施設入所、里親委託、一時保護されている保護者である。外部から直接個人が申し込むことは行っていない。基本的にどちらかのグループに選択される。後者は母親グループと父親グループから成るが、父親グループがあるのは珍しい。ファシリテーターは精神科医と心理職が交替で行っている。

　グループの特徴はオープングループで出入り自由となっている。各回のはじめは順番にメンバーが思ったことを自由に話していく場面を設け話しやすい雰囲気をつくっていくが、テーマを決めて話すこともある。

　父親グループについて述べると、このグループには個別カウンセリングではうまく話せない、個別担当者と関係が行き詰っているなどの参加者が含まれる。こういったメンバーは他のメンバーが自己開示をすることをきっかけとして、自分の考えを表現し、解決策を見出すことにつながっている。母親グループでは各自がオープンに自分の話をする。他のメンバーの話の内容に口を挟まないがメンバー個人のカタルシスの役割を果たしている。そして各セッションにおけるグループとしての結論を求めない傾向がある。これに対して父親グループでは具体的な解決志向の強いことが特徴である。また言語レベルでのカウ

図5−2　家族再統合のための援助事業（ケアサポートの流れ）

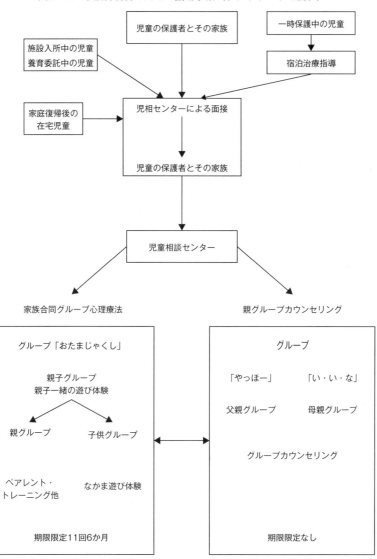

出典：「家族再統合のための援助事業ケアサポートの流れ」から一部修正して筆者作成。

ンセリングだけでなく、家族造形法*4により家族内の位置関係を表現するワークを行うこともある。新メンバーが加わるごとに、旧メンバーから順番に自己紹介をし、新メンバーを温かく迎え入れる。最初は否認傾向の強かった父親が、何度か自己紹介を繰り返して言ううちに、自分の行った言動に直面することができていくという変化もみられる。かつて虐待の加害者であり、現在は振り返りが進んでいる体験者をゲストとして呼ぶことはないが、このグループに参加したメンバーで子どもを施設から引き取ったあとも現状の困りごとなどについて話に来る人もいて、その経過を聴くことが参加メンバーの課題の解決策にもつながることがあるという。

　グループカウンセリングというと参加者の多くが母親という体験がほとんどだった筆者にとって父親グループの存在はとても刺激的であり興味深かった。グループは土曜日に行っているので参加しやすいはずだが、仕事があり参加できないなど様々な理由をつけ参加しないケースもある。このためメンバーの人数が少なくなりグループの継続に困難を伴うが、虐待からの脱却（回復）という成功体験をもつ人が増えてくることによって、こういった人たちによるセルフヘルプグループができたり、このグループのゲストとして協力してくれる人も出てくる波及的効果があると思う。したがって父親グループの存在の意義は大きい。参加した父親を集めてシンポジウムやパネルディスカッションを行うこともグループの参加者を増やしこの事業をさらに発展させるきっかけとなるはずである。

---

*4　言葉によるカウンセリングでは家族の人間関係や問題の所在が容易にわからない場合がある。影像化技法は家族のメンバーを彫刻とみなし、家族の中から彫刻家役の人を選び、心理的距離を考えて一定の空間に家族を配置し、表情、姿勢をつくっていく。最後に彫刻家役も参加しポーズをとる。そして1分程度静止させ個々のメンバーにどのような感情が沸き起こってきたかを話してもらう。この技法は現状の家族の相互関係を表し、問題点を捉えることができるので家族診断としても利用できるし、セラピストがこの中に介入して治療として扱うこともできる。家族造形法には様々な手法があり、この技法はその一つである。ただし、都の児相センターではどの技法が選択されているかはわからない。

第6章

大都市部において
センター化する児童相談所

6.1 | 児相の一極集中化あるいは機能分散化
（児相のセンター化が持つ意味）

　厚生労働省が毎年度公表している全国児童相談所一覧によると全国の児童相談所の数は、令和4年7月1日現在、都道府県が190か所（支所、分室を除く）、政令指定都市及び中核市等が42か所の232か所となっている。このうち、名称を児童相談所ではなくセンターと表示しているところが都道府県では51か所、政令指定都市及び中核市等では11か所となっており、全体では約26.2％がセンターと表示している。91頁でも述べたように中央児相の機能をセンターと称した児相が必ずしも持っているとは言えない。

　また、「センターとしての児相」と「児相だけの児相」は実はこの数字だけではわからない。例えば、さいたま市児童相談所は南部児童相談所と北部児童相談所に分かれたが、ともに「さいたま市子ども家庭総合センター」（愛称「あいぱれっと」）という複合施設の中に他の機関と共に属しているがどちらとも中央児相と称してはいない。一方、名称が同じである、東京都荒川区では「荒川区子ども家庭総合センター」は単独施設でイコール児童相談所である。同様に板橋区の「板橋区子ども家庭総合支援センター」も単独施設でイコール児童相談所である。これに対し、中野区は一覧表上では「中野区児童相談所」

95

と記載されているが、行政組織上は「子ども・若者支援センターの中の児童福祉課」でありイコール児童相談所となっている。

センターという名称はかなり以前から使われていた。その代表格が東京都児童相談センターであろう。全国的に調べてみると、センターと名乗る児相にはそれなりの意味があることが分かってきた。つまり、大きく分けて、児童相談所が様々な機能を取り込んで一体として機能する単独相談機関としてのセンターもあるし、建物の中で同居する機関と連携しながら機能する児童相談所もある。また、単に児相を名称変更して「センター」としたところもある。

東京都特別区についていえば、子ども家庭支援センターとの関係で以下の3パターンに分化していくのではないか。

(1) 世田谷区のように子ども家庭支援センターを従来どおり分離しているタイプ
(2) 荒川区や板橋区のように子ども家庭支援センターを児相の組織に組み入れたタイプ
(3) 港区のように総合センターとして児相とは別に子ども家庭支援センターを建物内に設置しているタイプ

また、子ども家庭支援センターばかりでなく他の関連する機関（児童福祉施設、保健センターなど）が同一建物内に入っている施設もある。

このうち、(2) と (3) は子育て支援部門が組織上児相に入っているかどうかの違いだけといってもよい。また、他の関連する機関を同じ建物内に入れているが、必ずしも機関連携を意識してつくられたものではなく単なる複合施設の場合がある。

しかし、近年、さいたま市や東京都港区のように最初から機関同士の連携や協働を意識して総合センターとしてつくられたものが出てきている。

6.2　単独児相から「センターの児相」になるまで（さいたま市児相の経緯）

　さいたま市児童相談所は平成15年4月にさいたま市が全国で13番目の政令指定都市となって誕生した児相である。さいたま市は埼玉県南部に位置し、浦和市、大宮市、与野市そして平成17年4月からは岩槻市も加わった。開設と同時に筆者は県から2人の職員とともにさいたま市に赴任した。

　当時の児相の庁舎は中央区役所別館1階（旧与野市役所）にあり、もともと別の用途として使用されていた部屋を改造したもので、面接室もプレイルームもとても児相向きとはいえないつくりであった。しかし、同じフロアの傍に警備員室があり、監視の目があって安心して相談が行われる体制にあったことは良かった。組織は所長以下、庶務担当、相談援助担当、地域相談担当、一時保護担当の4グループ担当制で、一時保護担当は車で10分ほどかかる市のはずれにあって土手の向こうは荒川が流れているという交通不便地であった。通常、一時保護所は連絡体制、警備上の関係で児相と併設されているが、土地がなく児相発足に間に合わせるために急きょ確保したものである。したがって外観上は出来立てであることもあり、とてもきれいで、門に表札をかけないため、何の施設かわからないが一見して保育園のような建物で、ミニ体育館も設置されており設備としては素晴らしいものであった。

　正規職員は筆者を含む3人を除いてすべてさいたま市の職員で、事前に県児相や総務課職員の場合は県庁担当課に派遣され配属されていた者である。庶務担当職員が県庁派遣となったのは、措置費の支弁事務が市の場合児相で行うことや児相の予算決算等を覚える必要があったからである。その他の相談や一時保護を担当する職員は数年、県児相に派遣され訓練を受けていた。しかし、短期間ではなかなか児相業務をこなすことは大変である。開設当初は職員の相談を受ける電話の声をパーテーション越しに自然と聞いてしまうこともあった。

　しかし、この新しい児相はとても明るい雰囲気で職員の年齢も若く、活気に

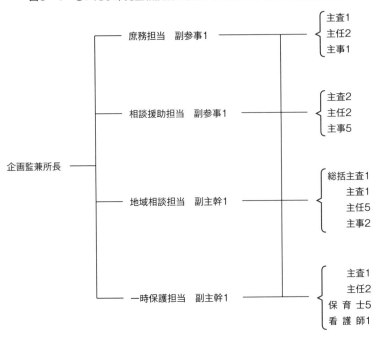

図6−1　さいたま市児童相談所の組織（平成15年4月1日開所当時）

企画監兼所長

庶務担当　副参事1
　主査1
　主任2
　主事1

相談援助担当　副参事1
　主査2
　主任2
　主事5

地域相談担当　副主幹1
　総括主査1
　主査1
　主任5
　主事2

一時保護担当　副主幹1
　主査1
　主任2
　保育士5
　看護師1

出典：さいたま市職員録により筆者作成。

満ち溢れていることが印象的で「これならやれるな！」と頼もしくさえ感じた。古参の経験豊富な職員がプロパーの中にいないことが、かえって困難なケースに対応する際、皆で意見を出し合うことで解決していこうという姿勢が生まれ、風通しの良い職場環境ができていったことがさいたま市児相が良いスタートを切れたことだと思っている。新しい機関であることや児童虐待通告相談が増加しマスコミもことあるごとに取り上げていたので、開設後の1年間は見学者が多く対応に追われた時期があった。特に各会派の市議会議員の方がよくお見えになり、議会も児相長が出席することになっていたので、様々な質問をいただきお答えすることができたことはとても良い経験になっている。また、次に政令指定都市となる静岡市からも見学に来られた。

図6−2　さいたま市児童相談所の組織（平成30年4月1日現在）

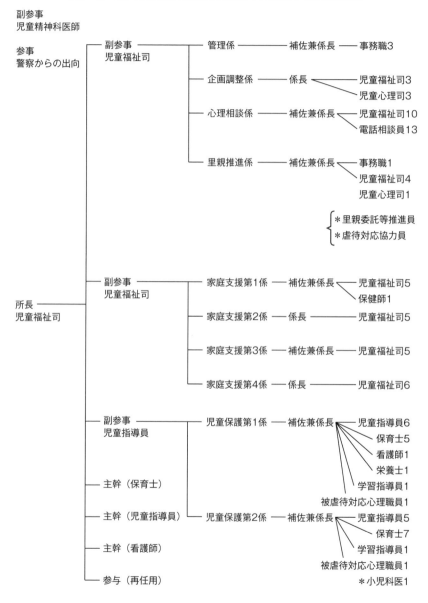

出典：平成30年度さいたま市児童相談所事業概要より筆者作成。

更に、早速、有識者の指導を受けてペアレントトレーニングを行ったことは新しいことにチャレンジする職員の意欲を掻き立て、後にオーストラリアまで行ってサインズ・オブ・セーフティの技術を導入し、その後、県に先駆けて新しい虐待対応の治療を行うことにつながったと思っている。また、一時保護所内に県内初の24時間365日相談ができる電話相談室を設けたのも虐待の早期発見、早期対応に寄与したものと思っている。

　2018年4月にさいたま市児相はJR京浜東北線与野駅近くの中学校跡地に移転し、「さいたま市子ども家庭総合センター」の中に生まれ変わった。総合センターの施設は「こころの健康センター」と「総合教育相談室」が入り、1階では子育て広場（愛称「ぱれっとひろば」）があって市民の親子連れが利用できる。また、ここには「子どものケアホーム（児童心理治療施設）」があって心の問題を抱えている高年齢児のための施設も入っている。

　さいたま市児童相談所の組織と相談の経過を開設当初から追ってみると図6－1と図6－2のとおりである。

　平成23年度に4代続いた県から派遣の所長の時代が終わり、初めてさいたま市生え抜きの所長が後を継ぐこととなった。ここからのさいたま市児相の歴史を菅野氏に引き続きインタビューを行い語ってもらった。

6.3 さいたま市児相の当時の所長・菅野氏インタビュー

Q1：菅野さんはプロパーの初代さいたま市の所長として様々なことにチャレンジし、改革を行ってきました。開設から4代続いた埼玉県から出向してきた所長に代わって赴任したときどのような思いでしたか。何を感じたか率直にお聞かせください。

A1：所長ポストは、平成15年度に本所が設置されて以来、平成22年度まで埼玉県からの出向のポストで、さいたま市はいつまで埼玉県に依存していくのかという歯がゆい想いがあるなか、平成23年度に私自身が市職員としての初

代の所長になり戸惑いはありました。しかし、不安はなかったです。所員は
20歳代30歳代の職員が多かったものの、職場は明るくエネルギッシュで、他
の児相の良いところを見習い、より良い児相に向かう雰囲気（姿勢）がありま
した。それは、それまで埼玉県から出向で来られた所長の方々やスーパーバイ
ザーの方々の鋭意努力の結果の賜物と言っても過言ではありません。

Q2：それに対して現状はどうでしたか。

A2：職員の数は圧倒的に足りないと感じていましたが、平成21年5月に清水
市長が就任し、「しあわせ倍増プラン2009」を策定し、次のような数値目標を
示しました。このプランでは、「平成24年度までに人口1人当たりの児童福祉
司、児童心理司の人数が政令指定都市でトップクラスになるよう、児童福祉司
12人、児童心理司3人、児童精神科医師1人を増員します」を掲げ、本所の体
制整備が大幅に前進しました。清水市長の児相への想いが具現化されたと同時
に、その渦中に所長として就任しラッキーな一面がありました。職員数が政令
指定都市のトップクラスとなれば、日本一の児相をめざそうという気概で所員
を叱咤激励しました。

Q3：そのために何から手を付けましたか。

A3：まずは「しあわせ倍増プラン2009」に基づく計画的な増員です。人事課
と協議し平成24年度までの4年間で16名の増員の計画でしたが、平成22年度
に5人増員、平成23年度に3人増員、平成24年度に4人（うち児童精神科医師
1人、警察官1人）増員の合計12人の増員となりました。その結果、平成21年
度に53人体制でしたが、平成24年度には9職種65人体制になりました。様々
な職種の配置によりケースを多角的な視点で捉えるよう変わってきました。

Q4：例えばどういう職種ですか。

A4：当時の職種は、行政職、児童福祉司、児童心理司、精神保健福祉士、保
育士、児童精神科医師、警察官、看護師、教員の9職種にわたりました。平成

23年度に教員1人から2人配置になり、一時保護所の学習支援や児童への指導等が強化され、平成24年度に児童精神科医師と警察官を配置しました。児童精神科医師の配置により子どもが虐待を受け様々な問題行動や精神症状に影響していることに対応したり、精神疾患の保護者の対応などで精神科医療のケアができ、さらには精神疾患を抱えた複雑困難なケースの対応で所員への助言指導ができるようになりました。また、警察官の配置により、所轄の警察署と連絡を密にし連携が強化され、子どもの身柄を速やかに安全に確保し移送が可能になったほか、威嚇する保護者の対応では、所内面接時の同席や家庭訪問での同行により安心安全にケースワークを進められるようになりました。平成25年度には、所員が非行少年の対応を習得するため、本市にある国立武蔵野学院と相互の研修派遣による人事交流を始め、非行少年の自立支援の向上を図りました。

Q5：職員の数が増えて業務が問題なく行われるようになりましたか。

A5：増員に合わせて児相内の組織を見直しました。平成21年度は管理係、相談援助係、地域相談係、一時保護係の組織でした。平成22年度に係制から柔軟な対応ができる担当制に移行し新たに里親担当を設置しました。増員が終了した平成24年度には、企画管理担当、相談家族支援担当、地域支援1担当、地域支援2担当、里親担当、保護担当の組織に改編しました。職員が増員されたものの、職員の専門性の維持・向上、職員の増員による執務室の狭隘、相談室の不足が課題になりました。

Q6：課題である職員の専門性の維持・向上についてはどのような取り組みをされましたか。

A6：特に急増する虐待対応及び里親推進の強化が必要で、それに伴う職員の専門性の維持・向上、人材育成が喫緊の課題でした。そのようななか、被虐待児や虐待をしてしまう保護者への支援の必要性から、ペアレントトレーニングやサインズ・オブ・セーフティ・アプローチ（以下、「SofS」）等の職員研修を

行い専門職としての人材育成に力を注ぎました。SofSは、アンドリュ・タネル（Andrew Turnell）らがオーストラリアで開発し、世界の児童虐待対応の現場で築かれたケースワークの考え方と方法の一つで、従来の方法に比べて、家族が自分たちの問題を主体的に解決できるよう工夫されています。本所では、SofSの日本の第一人者である東海大学菱川愛教授に定期的にご指導をいただき、所員の人材育成にお骨折りいただきました（現在も本所では菱川教授からご指導をいただいています）。そして、菱川教授の仲介があり、西オーストラリア州主催の2012サインズ・オブ・セーフティ国際会議に私と所員1名が招かれました。

Q7：SofSの国際会議はどのようなものでしたか。

A7：SofSに関しては、西オーストラリア州主催の2012サインズ・オブ・セーフティ国際会議に出席しました。平成24年11月10日から11月16日まで西オーストラリア州パースに滞在し、10日出国、11日事前準備、12日から13日まで国際会議、15日Cannington DCP（Department for Child Protection児童相談所）視察、16日帰国の行程でした。同会議は、毎年1回開催され、6回目の開催で、西オーストラリア州の17の児童相談所から職員が参加し、各国のSofSの先進事例を発表しSofS技法の習熟度アップを目指すものです。参加者は、西オーストラリア州の各児相から450人、海外参加者は、カナダ、オランダ、ニュージーランド、スコットランド、日本を含め50人合計500人の参加でほとんどが女性でした。日本からは、招待者の菱川教授はじめ、本所2人のほか、自費で本所1人、埼玉県児相2人、千葉県児相3人が参加され、NHKのBSニュースや2021年東京オリンピック開閉会式で同時通訳をされている菱川教授のご友人が同時通訳者として参加しました。本所は、日本の児童虐待の状況、市の虐待防止体制、SofSの取り組み状況、SofSの活用について、映像を交えながら英語でプレゼンテーションしました。本会議を通じてアンドリュ・タネル氏らとの交流をはじめ、日本でもSofSに取り組んでいること、浸透しつつあることをアピールできました。

Q8：そこで参考になったことはどんなことですか。

A8：まず、児童虐待問題は、世界共通の課題です。死亡事案が出ると児相はマスコミに叩かれ、職員のモチベーションの低下を招くことも各国同様です。そして、SofSを活用した経験と蓄積により、職員に誇り・学習の持続・チームワークを持たせることが大切です。次にニュージーランドでは、SofSの活用により過去5年間で入所児童数が半減した効果があり、SofSの活用により各国ともケース処遇の職員の満足度が上がったという報告がありました。担当職員の持ちケース数は、各国とも15ケース前後で残業する考え方はないことです。バカンスで1か月は休む。職員数は日本の基準の10倍の配置になっています。日本の児童福祉司の少なさ（当時は人口約5万人に1人）に驚きの声があがりました。児童虐待の対応では、各国とも苦労しています。英語圏の国では、インターネットを通じて様々なケースの対応を参考にしています。各国とも児相の職員はほとんどが女性です。本所職員の男女比が50％で半分が男性であることにも驚きの声があがりました。

Q9：西オーストラリア州のCannington DCP（児童相談所）の視察で感じたことはどんなことですか。

A9：エントランスは、空間が広く明るく清潔感があり心が落ち着く雰囲気で病院の受付のようでした。職員通用口から入室し、事務スペースを案内されるが、そのルートは3か所でドアのチェックがあり、セキュリティが万全でした。事務所は明るく、広く、バリアフリーとなっています。一人当たりの事務スペースが広く、担当ごとにパーテーションで仕切られていました。IT化が進み、ペーパーレスでケース台帳がなく、PCシステムでケースの進行管理を行い、情報はデータベース化されています。IT化による配線は、すべて床下配線で床はフラットでした。裁判所、弁護士、医師など関係機関とケースカンファレンスを行い、連携ができています。虐待初期対応チームを設置していますが、業務負担が大きく、1週間ごとに交代しています。また、所員の時間外労働はほとんどないことが印象的でした。

Q10：国際会議の結果を持ち帰ってきてどのように職員に伝えましたか。

A10：所内の研修会での報告はもちろん、平成25年の全国児童福祉主管課長・児童相談所長会議で報告し、本所の取り組み事例を発表する有意義な機会をいただきました。

Q11：発表した後の反響はいかがでしたか。

A11：SofSに関していくつかの児相の視察や読売新聞、東京新聞、埼玉新聞、NHKのEテレから取材がありました。市議会のある会派の研修会や市死亡事例検証委員会でSofSの取り組みの報告も行いました。

Q12：さらに、新しい試みにチャレンジされたんですね。

A12：プロトコル面接（暗示・誘導等によらず子ども自らが語る内容を聴き取る面接）やすでに行われていたコモンセンス・ペアレンティング（CSP）などの親支援技法の習得にも取り組みました。また、臨検・捜索を想定した警察との合同訓練、威嚇・不当要求する親などに対する対応技法の実地訓練を行いました。親権停止や児童福祉法第28条などの法的対応、法医学の見地からの性的虐待や身体的虐待の対応方法などを研修に取り入れました。

Q13：虐待対応面接以外に児相の充実強化を図ったことはありませんか。

A13：本所ができた当時、埼玉県里親会から分離独立する形で里親会ができましたが、人口の割に圧倒的に里親さんの数が少なく増やす必要があると思いました。

Q14：どのようにして里親さんの数を増やしていかれたのですか。

A14：里親登録の増加の理由ですが、組織として平成22年度に里親担当を設置し、里親の推進に向けた体制強化を図ったことです。また、市広報誌の平成22年8月号と平成23年8月号の特集ページに里親制度について掲載し市民に周知できたことがあります。平成23年3月の東日本大震災により社会的養護の必

要な多くの児童が生じ親族里親の増加が話題になったり、ボランティアの機運が高まっていたことも要因と考えられます。さらに里親制度を普及・啓発するため、里親月間の10月には、公共施設や商業施設で里親公開講座を開催し、里親や里子の講話や相談会など行い里親制度をPRしました。その結果、平成24年度までの10年間で里親登録数は61組から128組に倍増し、里親委託率は、7.2％から21.8％の3倍と飛躍的に伸びました。直近の里親登録数は令和2年度では187組になり、令和元年度の里親委託率は43.9％になり全国の自治体の中で第4位に躍進し、平成21年度から令和元年度までの10年間で里親委託率は、8.2％から43.9に急伸し、伸び率は35.7％となり、伸び率では全国で第2位になっています（参考ですが、委託率、伸び率ともに第1位は新潟市で里親委託率は60.4％、伸び率は38.2％になっています）。

　しかし、里親委託の不調などで里親や里子が心身ともに疲弊してしまうことがあり、里親や里子へのきめ細やかな支援が必要で、それに伴うマンパワーや人材育成が課題となっています。

Q15：平成30年度にJR京浜東北線与野駅近くに子ども家庭総合センター（あいぱれっと）の中に児相が入りました。ここまでに至る児相としてのかかわりを教えてください。

A15：平成13年に旧浦和市・大宮市・与野市の3市が合併しさいたま市が誕生し、平成15年度の政令指定都市への移行時に児童相談所が設置されました。急遽、設置することになった経緯から、事務所は市の中心部となる旧与野市の庁舎を改修した建物を使用しましたが、職員増に伴い狭隘になり新たに整備した事務所が求められていました。そのようななか、（仮称）子ども総合センター基本構想を踏まえ、平成24年9月に（仮称）子ども総合センター基本計画を策定し、子ども・家庭をとりまく課題に総合的に取り組み、子ども・家庭、地域の子育て機能を総合的に支援する中核施設として位置づけ、総合相談機能、専門相談機能、「地域の子育て」支援機能、企画・研究機能、世代間交流・活動拠点機能の5つの機能を備えた施設が平成30年4月に竣工しました。

専門機関としては、児童相談所をはじめ、こころの健康センター、男女共同参画相談室、総合教育相談室のほか、児童心理治療施設として子どもケアホームや市民コンタクトスクエア（なんでも子ども相談窓口、乳幼児や小学生の遊び場や中高生の集いの場等）があり、各機関の連携強化が図られました。

　他の自治体との相違点で特徴的なことは、子どもケアホームの存在です。児相では、中卒後の18歳未満の年齢層の児童で、児童養護施設、自立援助ホームや里親で不適応となり居場所がなく、児相で長期間一時保護するケースや止む無く関わりが途絶えるケースが多く、処遇に手をこまねいていました。虐待、発達障害、軽度知的障害、自傷行為等様々な課題を抱えた児童が多く、そのような児童を対象にした社会的養護の必要性を鑑み、児童心理治療施設として子どもケアホームが誕生しました。同施設では、生活基盤がない者、生活全般にわたる支援が必要な者に対し、それぞれの課題にあわせて個別な支援を行うとともに、集団生活を通して児童が社会性や対人関係のルールを身に付けていけるようになるよう支援をしています。具体的には、安心感が持てる生活の場を提供し、自立支援、職業・就労支援、学習支援、心理支援、児童ミーティング等を行います。

Q16：様々な新規事業の取組をされましたが、ご苦労なこともあったと思います。今振り返って何か感想やご意見がございますか。

A16：本所は、平成24年度1所65人体制が、令和2年度に2所体制になり、令和3年度には2所158人体制に変貌しています。一時保護所は定員23人が44人に拡充されたものの、令和3年度は常時定員超過の入所で里親さんにも負担がかかっている状況です。10年前を振り返ってみますと新規事業の取り組みは、所員の協力や様々な人とのつながり、ネットワークがあったからこそ積み上げられてこられたと感じています。残念ながら平成25年度にネグレクトの死亡事案が1件発生し、マスコミや検証委員会での児相への追及が厳しく対応が大変であったことが思い出されます。このような事案が発生した場合、検証はもちろん重要ですが、担当職員のケアにも力を注ぎました。いつも職員の心

身の健康維持を念頭に置き、所長在任中に病気休暇の職員を一人も出さなかったことは、理解のある上司や能力のある部下職員に支えられ、活気のある風通しの良い組織体制であったからであると思います。しかし、現在の状況は、職員は24時間365日虐待通告やそれに伴う一時保護の対応やケース記録や負担金処理など多くの事務処理に追われ、時には子どもの一時保護等で保護者と対立し法的対応も多く、その軋轢で職員が心身ともに疲弊し病気休暇をとる者が増えてきています。一方で長引くコロナ禍で職場のコミュニケーション不足が背景にあるかもしれませんが、病気休暇者が生じないよう人員増をはじめ、病気休暇者を出さない人事管理、専門性を高める人材の育成が急務となっています。

6.4 児相が入るさいたま市子ども家庭総合センター

さいたま市子ども家庭総合センターは愛称で「あいぱれっと」と呼ばれている。センター全体の組織構成（さいたま市パンフレット等により整理）として、以下の相談機関等が専門相談機能を果たしている。

- 子ども未来局：児童相談所（南部、北部）、子どもケアホーム（児童心理治療施設）
- 保健福祉局：こころの健康センター
- 市民局男女共同参画室：DV相談
- 教育委員会：総合教育相談室

また、以上4部門は定期的に各部門のトップからなる連絡会議が開催されている。

さいたま市子ども家庭総合センター（外観）

○「あいぱれっと」の機能

　総合相談機能と多様な子育て支援の場所と機会の提供を図っている。子ども
や保護者等の居場所・交流の場（あいぱれっとひろば）として、同じフロアー
に「なんでも子ども相談窓口」「なんでも若者相談窓口」があり、気軽に利用
でき、子どもや家族が抱える問題を専門機関と連携しながら迅速にサービスの
コーディネートを行っている。また他に、企画・研究機能、常設のプレイパー
クである「冒険はらっぱ」で子どもから大人まで交流・活動を行える世代間交
流・活動拠点機能、地域の子育て支援機能を有している。

○いわゆる「総合センター」で行われている事業

　様々な事業が全国の児相を含むセンターで行われているが、主な事業として
は子育て広場事業、そこで開催される様々な子育て関連の行事、イベント、子
育て相談などである。しかし、そういった定番のプログラムにとらわれず、現
代社会で注目されているテーマを実施しているところがある。

○ダブルケアカフェ

　ダブルケアとは広義には家族や親族による複数のケア関係、狭義には育児と介護の同時ケアのことを指す。その背景には、晩婚化、そのために起こる晩産化、少子高齢化、核家族化などが考えられる。

　内閣府は2016年4月にダブルケアの実態調査結果を取りまとめた。それによると未就学児の育児と介護を行っている人が全国で25万人以上＋予備軍（女性）16万8,000人、（男性）8万5,000人に上る。ダブルケアを行っている年齢層は40～44歳22.1％、35～39歳25.8％、30～34歳16.4％であり、30～40代で全体の年齢層の80％を占めている。問題点としては次のようなことが挙げられる。

（1）片働きの場合は女性1人にかかる負担が大きい。一方で、家族環境の変化に伴い、ケアは多くの場合、娘や息子が担っており、嫁規範が弱まる中でこれらの男性、女性の問題となってきている。

（2）介護、子育ての縦割り行政の狭間でダブルケアラー（ダブルケアの当事者）のケアの孤立化と多重化。

（3）離職（逆に仕事が息抜きの場になることもある）。

（4）育児、介護の両立不十分、常に介護と育児の優先順位に悩まされる。その中で子育てを優先したいという意向がうかがわれる。

　これに対する改善策として考えられるのは、相談体制の充実、地域に気軽にSOSを発信できる場所や機会の提供、親族、近隣の支えが必要となってくる。

　公の機関の実践例としては、大阪府堺市の基幹型包括支援センターを軸としたダブルケア相談窓口の開設、岐阜県のダブルケアハンドブックの配布、さいたま市、岐阜市、神奈川県、岩手県、香川県などでダブルケアカフェを実施しており、全国に広がりつつある。

○ダブルケアカフェによる支え合い

　ダブルケアカフェは一般社団法人やNPO法人等様々な団体が主催している。あるダブルケアカフェは次のような内容である。

　地域包括支援センターの介護支援専門相談員からの提案で、高齢者の相談を受けていると家族のことも相談してくることがきっかけで始まった。決まった治療計画のもとに行われるのではなく、ここで何かを解決する場でもない。自分だけで悩みを抱え込まないで、同様の悩みを持つ人、共感できる人がいるということで少し気が楽になる、そういったはけ口になっている。ここにきて、話をすることがまず精いっぱいで、自分がダブルケアにあることを初めて気が付く人が多く、ダブルケアということがまだ世間に浸透していない。

　現代社会においては、高齢出産が増えているため、子育て中に親の介護を迎えるケースも増えている。例えば、同じ介護の担い手である親族に対しても子育ての負担を抱える立場が理解されない。また、介護を担う層からはその負担に悩む人は少ないし、逆に子育て中の友達や知り合いとその悩みを共有することはできない。

　主な参加者は30〜40代の幼児、小学生を持つ親。子育てプラス介護の組み合わせばかりではなく、兄弟間で片方が障害を持っていたり、病気を抱えているケースもある。毎回5〜9人ぐらいが参加しているという。基本はフリーディスカッション。オープングループで出入り自由。本名は明かさず、この場で話し合われたことは持ち帰って口外しないことが決まり事になっている。時間は2時間。カフェの名のとおり、お茶を飲みお菓子を食べながら打ち解けた雰囲気を作り出している。参加費は無料。終わった後のフォローは居住地の地域包括支援センターや市町村の困りごと相談窓口につなぐこともある。だいたい1〜2か月に1回のペースで開催している。

○ヤングケアラーへの理解と支援

　令和5年2月11日（土）、さいたま市子ども家庭総合センター「あいぱれっと」1階多目的ホールで「ヤングケアラーってなに？」をテーマとしてフリー

111

アナウンサーの町亞聖さんを迎えて自身の体験を語る講演会が開かれ、当日はさいたま市の清水市長も出席し、一般市民に呼び掛ける記事をホームページ上で目にした。残念ながら、筆者は都合がつかず参加ができなかったが、ヤングケアラーという現在、社会問題となっているテーマを扱っている。

この二つのプログラムは児相の業務と関係がないかというと、そうではない、育児と介護のストレスから子どもの養育がおろそかになったり、虐待（子どもや高齢者等に対しても）に発展したり、子どもが親や兄弟の介護を行うといった理不尽な家庭環境から生じる心の病に陥ったりする可能性がある。こういった催しを行うことによって参加者の中から相談のルートにつなぐきっかけとなる。この二つは市民及び関係者の関心を集める良い企画であると思う。

○児童相談の国際化、多文化共生への取り組み

我が国の外国人人口は年々増えつつある。

従来は集住地域と呼ばれる特定地域に集まって生活していることがほとんどであったが、近年はこれに限らなくなっている。この傾向は我が国の高齢化社会の進展とともに働き盛りの人口の減少、これを補うための労働力や人材の確保が喫緊の課題となっており、国は入管法を改正して海外からの入国を緩和し続けている。その一方で言葉を始めとするコミュニケーションや文化の違いからくる壁があり、ゴミ処理、騒音問題など地域の住民との間で共生社会をつくっていくための課題が噴出していることは周知のとおりである。

この壁を乗り越え、共生社会をつくっていく取り組みは各地の国際交流協会などで行われている日本語教室、日本文化の紹介などにより進められている。幼児、学齢児の段階から多文化共生が当たり前の社会となっていることを浸透させることが大事であるが、単に子どもだけを集めて行うのではなく、外国人の保護者を集めて保護者にも理解を深めてもらうことが大切である。

こういった、諸問題は何も就学前、就学後の言葉やコミュニケーションの問題ばかりではない。横浜市北上飯田保育園では月2回子育てサロンを開催し、保護者の子育て相談に乗っているが、この地域では元東南アジアの難民センタ

一があったことから外国人の集住地域になっている。このため一時は入園児の68％（令和3年6月）が外国人、特にベトナム、カンボジアが中心となっていた。相談の内容は子育てに関するものばかりでなく家族関係によるものなど多岐にわたっているという。

　外国籍の子どもがいるのは保育園ばかりではない。乳児院、児童養護施設、児童館、学童クラブ等々様々な子どもの福祉施設にもいる。ちなみにある自治体の3か所の公設民営の児童養護施設では合計5人の外国籍児が入所していた。都内を含めもっと調査の幅を広げると人数は増えるのではないかと思う。

　そこで、埼玉県内のある乳児院で聞いてみたところ、定員47人のうち5人はアジア系の外国人であり、その割合が増加しつつあるという。相談する場合は児相の担当者が同行する他、ジェスチャーや翻訳機を利用して行うという。

○「多文化体験ひろば」の集い（令和4年12月10日取材）

　「多文化体験ひろば　いろいろな国のことばや文化を通し一緒に遊びましょう！」に参加した。主催者は「地球っ子クラブ」で普段、市内4か所で外国にルーツのある子どもや大人が集まる日本語教室を定期的に開いている。この日は、さいたま市子ども家庭総合センターとの協働事業としてインド、バングラディシュ、インドネシア、ミャンマー、ベトナム、モンゴル、中国、タイの言語そして手話言語を使って遊ぶ多言語活動が行われた。

　会場にはそれぞれのコーナーがあって、お国の伝統模様を描いたり、自分の名前をその国の文字で書いてみたり、その国の遊びをするなど興味深い体験ができる。また、集いの途中で参加者を集めて「おはなし会」を開きその国の絵本を見せて簡単なあいさつをその国の人に言ってもらい、その場で全員が復唱してみることや、インドの民族衣装であるサリーの長さに驚き、着付けする体験場面もあった。

　主催者の一人である地球っ子クラブ2000事務局あそび舎「てんきりん」代表の芳賀さんは、「今日は、地球で一緒に暮らしている外国出身の人たちが主役。参加してくださった方たちは、体験と交流を楽しみながら、さいたま市に

会場は各コーナーに分かれている

インドのサリーはこんなに長い

おはなし会でサリーをバングラディシュのスッタフに着付け
してみる体験

私の姓の「ひらの」をモンゴル語で表し
キリル文字と蒙古文字で書いてくれた

　いろんな国の人たちが共に暮らしていること、英語じゃなく日本語で話せばい
いということ、異文化って楽しいということに気づいてくれる。この活動から
生まれた『同じってうれしい！　ちがうって楽しい！』は多文化共生の街づく
りへの合言葉です」と話していた。当日の参加者は事務局等を含め、90人以
上に上った。
　育児不安や児童虐待の問題は外国人にとっても共通課題となっており、児童
相談所における相談の中に両親ともに外国人のケースがあると聞いている。夫
婦間でルーツの違いによる子育ての意見の相違、日本の子育て環境に馴染めな

参加者を集めての「おはなし会」

米粉を使った綺麗な絵柄を描くインドの体験
コーナー

インドネシアの子どもの遊び体験

い問題等、多文化、異文化からくる養育上の問題は外国人集住地域に限らず今
後ますます増えてくると思われる。今回のようなイベントに外国人が参加する
ことによりセンターの機能を知り、子育ての相談ができる場所として育児や家
庭での問題を相談したり、行事にも参加するきっかけになる。児相としては問
題の早期発見、早期対応が可能となる。

　なお、東京都では児童又は親の少なくとも1人が外国人である相談を「外国
人ケース」としてその相談受理状況等を集計しまとめている。それによると相
談種別では養護相談が最も多く令和元年度は8割程度を占めている。また、一
般相談に占める外国人ケースは6.4％となっている。

第7章

新しい児童相談所は
何をめざしているか：
東京都特別区児童相談所

　地域に根ざした特色を打ち出し、多様な機能を駆使する児相により、児相のイメージが変わってきた。児童福祉法の改正により東京都特別区において児相を設置することができるようになり、現在、区児相が世田谷区、荒川区、江戸川区、港区、中野区、板橋区、豊島区に設置されている。また令和5年10月1日に葛飾区児童相談所が開設される予定である。これらの児相は従来の児相とは違う新しいコンセプトのもとに相談が行われているに違いない。そこで、このうちセンター化されている荒川区、港区、中野区、板橋区の児相等及び令和5年2月に開設された豊島区児童相談所、そして葛飾区児童相談所開設準備室を取材した。

　まず、その前に抑えておかなければならないのは東京都特別区に設置されている「子供家庭支援センター」とは何かを知らないと特別区児相の置かれている立場が分からない。

7.1　東京都特別区における「子供家庭支援センター」

　東京都は平成7年に実施要領を定め、これにより特別区は子供家庭支援センター、通称「子家セン」を設置した。この事業の実施主体は区市町村とし、都へ協議の上社会福祉法人にも委託することができる。主な事業内容としては以

下が挙げられるが、幅広い子育て支援事業を行うとともに、虐待通告に対する調査、安全確認、指導等を行っている

　①子育て短期支援事業（ショートステイ、トワイライトステイ）一時預かり事業
　②子供家庭在宅サービス事業
　③子育てひろば事業
　④利用者支援事業
　⑤養育支援訪問事業

7.2 　荒川区子ども家庭総合センター

［児童相談所／令和4年11月11日、11月21日、令和5年3月6日、以上メール電話による取材］
　児相の定例会議に関係者も参加するなどのオープン化を図り、一時保護中の子どもの通学や目安箱の設置など児童の意見表明が十分行われる環境になっている。家族再統合事業や里親のフォスタリング事業の民間団体への委託など多彩な事業を行っている。

　荒川区子ども家庭総合センターは令和2年4月1日に開設され、同年7月1日から児童相談所業務を開始した。場所は都電荒川線「荒川区役所前」下車徒歩4分、都バス「荒川区役所前」下車徒歩3分のところにあり、アクセスは大変便利である。

荒川区子ども家庭総合センター（外観）

　荒川区の面積は10.16平方キロメートル、人口は21万6,535人（令和3年1月1日現在）であり、23区の中で

は2番目に面積が小さい。

　相談種別で見ると令和3年度は全相談件数が1,186件でそのうち養護相談は701件で約59.1％となっており、養護相談に占める虐待相談は477件で約68.0％となっている。相談や通告のあったケースについては受理会議、ブロック会議、援助方針会議により診断や援助方針を決定するが、その際、特に後者2つの会議については医療機関の医師や保健所の保健師を参加させるなど会議のオープン化を行い、確実な指導が関係機関との連携のもとに行われるようにしている。

　児童相談所の開設に向けて、従来あった子ども家庭支援センターはいわゆる「子育て広場における相談事業」の他に、区民からの虐待相談や通告を受けていた。児相と一体化した際に広場事業はスペースの都合から子育て支援課などが所管する「子育て交流サロン」として保育園等区内の18か所で実施している。児相と一体化した後、子ども家庭支援センターは在宅支援係としてその機能を発揮している。ちなみに組織は管理係、児童福祉係（虐待、非行、障害についての相談指導等）、在宅支援係（養育、育成上の相談支援、里親支援等）、児童心理係（医学的診断、心理診断及び治療等）、一時保護係からなる。

　このセンターの特色として他の特別区で開設された児相やセンターと同様に児相業務では扱わない子育て短期支援事業（ショートステイ事業）を所管していることだ。この事業を引き受ける対象施設等は従来、児童養護施設、乳児院で行われているほか、他の区と同様に一般家庭に呼びかけ「協力家庭ショートステイ」も実施している。このため、これらの家庭には研修を実施し、里親同等の力量を備えた協力家庭としている。また、在宅福祉サービスとして「安心子育て訪問事業」により、家事援助（簡単な家事の手伝い、買い物同行など）、育児支援などが直接行われていることはまさに相談者のニーズに「寄り添う」形で展開されているといえるだろう。ここでも子ども家庭支援センターと一体化したことによるメリットを生かし、従来の児童相談所とは異なる身近な相談機関として生まれ変わった。

　さらに家族再統合や親子関係の改善を図るため、施設入所中、在宅指導中の

ケースに対して、親子関係の改善を図るため、児童相談所のプレイルーム等で遊びを通じて親子の関わり方を別室のカメラで撮影したものにより、PCIT、CARE等の手法を用いて保護者支援プログラムを行っている。

　また、里親支援事業として里親制度の普及促進、相談支援、研修などを民間の団体に委託するフォスタリング事業も行っている。

7.3 ▌ 港区児童相談所

［港区子ども家庭総合支援センター内。他に子ども家庭支援センター、母子生活支援施設がある複合施設／令和3年12月15日及び令和4年12月23日取材］
　高機能化された設備を誇り、子育て支援の様々なスペースが用意されている。子ども家庭支援センターと児相との間で毎日行われるスクリーニング会議により緊密な連携ができている。一時保護所において権利擁護のために意見表明の機会が設けられている。

　港区は令和3年4月1日現在面積が20.37平方キロメートルで人口258,821人、児童人口（18歳未満）は40,291人である。そして青山、麻布、六本木、赤坂などの日本でも有数な繁華街があり、大使館が集中しているなど外国人が昔から多く住んでいる地域でもある。港区児童相談所は令和3年4月1日に誕

港区子ども家庭総合支援センター（この中に児童相談所がある）

子ども家庭総合支援センター入口の対面にあるおしゃれなブティック、カフェ等

生した都内では4番目にできた区の児相である。東京メトロ表参道駅から徒歩5分程で着く、大変アクセスしやすい場所にある。青山通りから少し入ったところだが、周囲はブティックやおしゃれなカフェが並ぶ一角にあって、一見すると児相がある建物とは気がつかない。ここは、児童相談所、子ども家庭支援センター、母子生活支援施設からなる複合施設となっている。建物自体が周囲の青山の街に「はまっている、溶け込んでいる」感じがする。全くと言っていいくらい違和感がない。設置について、周辺住民から様々な意見があったようだが、現在はむしろ児相を支援してもらっているという。この背景には、子ども家庭支援センターの存在が大きいと感じた。また、屋上に太陽光発電設備を設置し、国産の木材を使用して管内全体が落ち着いた雰囲気があり、環境に配慮している。

　港区の広報誌「広報みなと」令和3年4月1日号「港区子ども家庭総合支援センター開設特集号」によると「子どものいのちと権利を守るために」をコンセプトとし、子ども・家庭を中心に置き、港区子ども家庭総合支援センターが各関係機関とネットワークを組みながら支援を行うという仕組みが示されている。

　入り口を入って1階は子ども家庭支援センター、2階に児童相談所と子ども家庭支援センターの事務室、会議室、3階には相談室や心理治療室、診察室などがある。

3階は相談室が並ぶゆとりを感じさせるフロア。木がふんだんに使われ柔らかい落ち着いた雰囲気が感じられる。

会議ができる部屋。ホワイトボードに書くと即座に記録が紙ベースで出てくる。

3つの施設が同一建物内にはあるが、児童相談所と子ども家庭支援センターは組織上別の部となっている。しかしお互いがすぐに連携しやすく、機能が発揮できるシステムとなっている。例えば、養育不安相談、虐待相談等に関しては子ども家庭支援センターと児相との間で1日2回のスクリーニング会議を開き迅速に対応している。管内の警察が丁寧に虐待通告に応じているので児相での虐待相談等もスムーズに行われるという。

　訪問した当時は、開設後8か月を経過したばかりで相談件数、相談傾向は固まってはいないが、9月までの半年間の統計では相談件数全体が611件、そのうち虐待相談が426件、一時保護が59件となっており、全相談件数の約70％が虐待相談で占められていることに驚いた。虐待と言えば、従来は貧困とのつながりが強い。港区は色々なデータや話から都内で住民の生活レベルが高い区であると認識していたので、何故こんなに虐待相談が多いのか不思議に思った。その理由は相談内容にあった。虐待相談ではネグレクトは少ないこと、保護者の教育レベルが高く、医師、弁護士、IT関連の仕事に就いているなど自分の成功体験を子どもにそのまま要求する、あるいはそれ以上になって欲しいという願望が子どもとの間に葛藤を生み出し、思春期の親子関係不調からさらに虐待に発展する例があるとのことである。

　また、子どもにゲームやユーチューブ依存という問題が見られたりする。こういった例は近年他県の児相でも話に聞くが、港区は特に特徴的なのかもしれない。

　社会的養護を必要とする場合については、管内に児童養護施設はなく東京都と協定を結び必要であれば措置を行える体制になっている。現在のところ区内に新たな児童養護施設を設置することは土地などの確保が難しいこともあり、家庭支援を進める立場から、里親制度の普及を目指している。このため、民間委託として二葉乳児院に里親支援事業を委託し職員4人が港区児相でフォスタリング事業を行っている。区内には養子縁組を求める家庭が多いという。

　区民の児相に対する期待感が強く、しかもそのレベルは高い。従来は、心理治療と言えばカウンセリングとプレイセラピーということにとどまっていた

PCIT専用室

司法面接を行う部屋

プレイセラピーを行うための部屋

相談室

診察室

子どもを遊ばせながら相談できる部屋

が、ここではそれだけではニーズを満足することはできず、明確な処方箋（プログラム）を必要としている。そのことを踏まえて、医学、心理学の知識技術を持った職員の配置を重点的に行っている。

子ども家庭支援センター受付カウンター（子ども家庭支援セ
ンターには、情報提供コーナー、親子ふれあいひろば、体育
館、地域交流室（カフェ）、多目的室、子育てコーディネー
ター室など様々な子育て支援の機能が用意されている）

親子ふれあいひろば

親子ふれあいひろば

利用者支援事業で相談できる部屋

　相談、治療室では、親子交流治療（PCIT）専用の部屋、司法面接を行う部
屋、診察室は性的虐待を受けた子どもの医学的診断が可能とする装置などがあ
り、医師の研修も行える体制が整っている。

　母子生活支援施設は都内で33か所あるが、ここは一番新しくできた施設で
ある。定員10名で令和4年3月末時点で6人が入所している。部屋は居室以外に
集会室、保育室、心理治療が行われる部屋などがありスタッフも充実している。
入所者については、例えば、かつて配偶者暴力を受けて精神的なダメージを受け
たなど、様々な事情で生活や養育に支援が必要な母子が入所することとなる。ま
た、緊急一時保護を行うエリアも施設内に確保されていることも特徴的である。

　子ども家庭支援センターの業務については施設を区民に開放し子育て支援を行っており、年末年始以外は区民に開放されている。館内は、情報提供コーナーをはじめとして、親子ふれあいひろば、地域交流室、多目的室からなり、地域交流室では「世代や年齢を超えた地域の様々な方の交流の場」（ご利用案内より）として利用されている。また、ここにあるカフェでは軽食や飲み物を出している。同じフロアーに利用者支援事業の相談室が設置されている。またセンター業務として4歳時の段階で居所不明児の調査を長期欠席児童の調査と合わせて行っているなどきめ細かい支援を行っている。また、要保護児童対策地域協議会についても子ども家庭支援センターが調整機関となっている。その中の実務者会議で職員をはじめとした関係機関向けの研修を行っている。

　開設までに全国の主な児相等の見学を行い先駆的な対応を取り入れるなどの努力が行われた。港区児相は施設設備が充実していて、単に児相の負担軽減のために民間業務委託を行うのではなく、治療に関しては児相が中心となって行い、里親のフォスタリング事業は地域にある乳児院のノウハウを取り込むなど、相談者のニーズに的確に応えるための工夫を考えている。また、母子生活支援施設も緊急一時保護ができる部屋が用意されている。

7.4 ▍ 板橋区子ども家庭総合支援センター

[児童相談所／令和4年9月1日取材]

　センター内に「赤ちゃんの駅」の設置など区民に親しまれ、利用しやすい配慮を行い、ショートステイなど充実した在宅福祉サービスとの連携、そして地域に積極的にアウトリーチしていくことにより問題の早期発見、早期対応を行い虐待予防につながっている。

　板橋区子ども家庭総合支援センターは令和4年の7月に児童相談所機能を開始したばかりで訪問したのは9月1日ちょうど2か月を経過したところである（子ども家庭総合支援センターとしては令和4年4月に先行開所している）。

板橋区子ども家庭総合支援センター（外観）

1階の総合受付

1階のコーナーにある親子で遊べるスペース

明るくゆとりのある1階フロアー

　場所は、旧小学校の敷地の一部を利用してつくられた。残りの敷地には公文書館などの区の施設が小学校の校舎を利用して入っている。都営地下鉄三田線の板橋本町駅から徒歩7分という立地条件に恵まれている。中山道と首都高速から入ったところで新旧の低層住宅地と高層のマンションに取り囲まれた静かな環境にある。

　児童相談所が入る建物は3階建てで1階は受付と親子で遊べるスペースがコーナーにあり、ガラス張りで明るい。外側にはウッドデッキが付いていて外に出ることもできる。

　このセンターの特徴の一つは板橋区が従来から公共施設や民間施設に設置している「赤ちゃんの駅」が1階のフロアーにあり、乳児の授乳室とおむつ交換ができる部屋が併設されていることだ。区民が気軽に立ち寄れて利用しやすい

おむつ交換や授乳で立ち寄れる「赤ちゃんの駅」

学齢児用プレールーム

幼児用プレールーム

箱庭療法室

PCITにも利用できる面談室

ことに配慮がなされている。

　そして、既存の子ども家庭支援センターが児相の一部門としての支援課になり、都の北児相から引き継いだ児相部門が援助課になっている。名称は「板橋区子ども家庭総合支援センター」であるがイコール児童相談所になっている。

内部の各フロアーは事務室、主に相談室、心理室、医務室、ファミリールーム、（PCIT等が可能）などとなっている。

　廊下や部屋の雰囲気は壁面が木目調であり、やわらかで落ち着いた感じを出している。トイレの入り口には男子、女子という画一的な性区別をつけない案内表示がされているのも画期的だ。正面玄関が閉まった後にも入れるように、別の入口があり、守衛室が設けられ、24時間体制で警備が行われている。

　組織は、支援課（子ども家庭支援センター部門）、援助課（児相部門）そして一時保護部門になっている。区民からの相談・虐待通告は支援課で受けるようになっていて、関係機関からの虐待通告は援助課が窓口になっている。このため、両課が出席して緊急受理会議等を開いている。このセンターの特徴を挙げると、一つは、支援課の中に地域連携推進係があり、そこに配置されている職員が要保護児童対策地域協議会の実務者会議のメンバーとして活動しており、定期的に区の小中学校等を巡回し相談を受けるシステムをとっていることだ。児相のアウトリーチ化、言ってみれば気軽に相談できる「相談の御用聞き」のようなもので、児相の「見える化」、「区民に開かれた児相」につながり、このことがよりいっそう、虐待や児童問題の解決についての早期発見、早期対応に関係機関と協働してできるようになっている。もう一つは法務担当課長として弁護士が常駐しており、常に児相の相談を関係法令に照らし、妥当であるかをチェックできる体制ができている。このことは、児相職員の業務に大きな安心感を与えている。もちろん、警察官OBの配置もある。更に、支援課・援助課に各1名配属されている保健師は健康福祉センターと連携して子育て支援を行う中で必要な保健業務を行っている。

　保護課は現在定員30名で居室は幼児室6名、学齢児童の居室は男女別で、6名ずつのユニットがそれぞれ2つずつとなっている。別に学習室があり、これも学年や学習の進み具合により仕切られて学習ができるようになっており、学習指導員としては教員免許を持つ会計年度任用職員が配置されている。

　更に、このセンターでは子育てサポートにも力を入れており、支援課の業務としてショートステイ等のサービスの提供を行っている。

　ショートステイ・トワイライトステイ事業、乳児ショートステイ事業は、生後43日から12歳以下の子どもを対象に、保護者の出産、病気、家族の介護等で一時的に子どもの養育が困難になった場合、区が委託する児童養護施設や乳児院で子どもを預かる制度である。さらに、子どもショートステイ事業として、生後43日から18歳未満の子どもを対象に、区が委託する協力家庭にて一時的に子どもを養育する制度も設けている。その他、センターが利用窓口となっているサービスとして、生後43日から12歳未満の子どもの保育園等への送迎や一時預かりなどを行うファミリー・サポート・センター事業、妊娠中及び3歳未満の乳幼児のいる家庭を対象に、家事や育児の疲れ等を軽減するため、基本的な家事の援助の他、離乳食づくりや沐浴の補助、育児に関する助言などを行うヘルパーを派遣する、育児支援派遣ヘルパー派遣事業を行っている。令和6年度の児童福祉法の施行に向け、さらに充実したサービスを提供できるよう、検討を進めているところである。

　センターの所長さんが、児童相談所と子ども家庭支援センターを一体的に運用していくことがこのセンターの大きな特徴であり、これにより、どのような効果があるのかを見極めていく必要があるとの話をされていたのが印象的であり、私も同感である。

　敷地の関係でこじんまりとはしているが、よくまとまったセンター（児相）であるといえる。また、屋上にソーラーパネルを設置し省エネにも配慮している。

7.5 ｜ 中野区子ども・若者支援センター

［児童福祉課（児童相談所）を含む／令和4年10月20日、令和5年8月9日取材他］
　子どもの福祉に限らず若者世代への支援が繋がり、高齢者、障害者支援などを含む「すこやか福祉センター」等のサービス利用を通じて家族の問題も含め縦横の包括的な連携ができる。時代を先取りした母子等一体型ショートケアへの取り組みも行われている。

中野区児童相談所は令和4年度に開設された。場所は東京メトロ中野坂上駅から数分の距離にあり、子ども・若者支援センター、教育センター、区立中野東図書館と共に「みらいステップなかの」の建物の中に入っている。

中野区では児相は行政組織上子ども・教育部の子ども・若者支援センターに属し、センターは「子ども・若者相談課」と「児童福祉課」に分かれこのうち、児童福祉課が児相機能を持っている（図7－1参照）。

図7－1　中野区の子育て支援体系図

以下のように部を超えて4つの機関が連携して行っている。

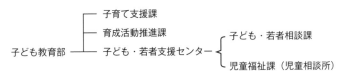

児童福祉課（児相）は管理係、企画調整係、医療連携担当係長、相談係、支援第一係、支援第二係、心理係、一時保護係、保護児童支援担当係長からなっており法的対応のため企画調整係に弁護士が、相談係に警察官OBを配置している。ともに会計年度任用職員である。支援第一係、支援第二係は区内4地域にあるすこやか福祉センターに対応して地域を2つに分けている。また、医療連携担当係長は保健師、保護児童支援担当係長は一時保護係のそれぞれ特命担当職である。

中野区の特徴は児相をセンター化するのではなく、子ども・若者支援センターの中に所属していることだ。子ども・若者相談課の総合相談では相談の内容により、児童福祉課（児相）をはじめとして関係機関を紹介している。

子育て相談については、従来、子ども家庭支援センターとすこやか福祉センターが対応してきたが、令和4年度から区内4か所にある、すこやか福祉センターと子ども・若者支援センターが受け継いでいる。ちなみに、すこやか福祉センターでは子育て支援ばかりでなく、高齢者、障害者及び生活上の課題を抱

えた区民の相談・支援を行い、子育て、保健、福祉の地域拠点となっている。

　すこやか福祉センターでは育児・養育困難家庭に対し、保健師等を家庭訪問させて支援を行っている。養育支援ヘルパー派遣事業（家事援助等）や子ども配食サービス事業は民間業者に委託や協定締結により行っている。いずれも、すこやか福祉センターや児童福祉課がその利用を調整している。

　また、子どものショートステイ事業は保護者の入院、出産、出張、親族の看護等のほか、保護者の強い育児疲れ、育児不安又は不適切な養育状態により子どもの虐待の恐れ、リスク等が見られる場合に利用でき、すこやか福祉センターや子ども・若者支援センターが窓口となっている。事業は区内の乳児院等に委託して行っている。なお、中野区では母子等一体型ショートケア事業を行っており、区役所の子育て支援課が窓口となっている。

　もう一つの特徴は、子ども・若者相談課で義務教育終了後から39歳までを対象としてその家族を含めて相談に乗っていることだ。本人と共に今後のプランを練り、ゴールを設定するが、若者フリースペースで行われるプログラムへの参加を行うこともできる。これにより、若者相談では、若者が段階的に自立につながるように支援を行い、必要に応じて関係機関へ支援をつないでいる。

「みらいステップなかの」外観

総合受付

「みらいステップなかの」のパンフレット

中野区若者フリースペース
まごころドーナッツ
2022年12月
プログラムスケジュール

月	火	水	木	金	土	日
			1 学びの時間 11時30分～13時 テーマトーク 「好きな場所」 15～17時	**2**	**3** 学びの時間 11時30分～13時 広報部 15～17時	**4** 閉所
5 閉所	**6** メンバーミーティング 15～17時	**7** ～オープンプログラム～ クリスマス飾り 15～17時 ↑↑↑ このプログラムは 未登録の方でも参加可能 （予約不要）です。	**8** 学びの時間 11時30分～13時 はたらく大人と出会う会 ～弁護士～ 15～17時	**9** お結福きCLUB 「年賀状」 15～17時	**10** 閉所	**11** 閉所
12 閉所	**13** 閉所	**14** Conatus Laboratory 「Christmas」 15～17時	**15** 学びの時間 11時30分～13時	**16** ボイストレーニング 15～17時	**17** 学びの時間 11時30分～13時 利用説明会 14時～15時30分 会場／子ども・若者支援 センター410会議室	**18** 閉所
19 閉所	**20** ～オープンプログラム～ 3時のおやつ 15～17時	**21** メンバーミーティング 15～17時	**22** 学びの時間 11時30分～13時 図書館で 本の魅力を感じよう 15～17時	**23** 練馬居場所とスポーツ 14時30分～17時 会場／練馬区立春日町 青少年館レクホール ※この日の開所時間は 11時30分～14時 となります。	**24** 学びの時間 11時30分～13時 ～オープンプログラム～ 粘土で雪だるまを作ろう 15～17時	**25** 閉所
26 閉所	**27** 大掃除 15～17時	**28** テーマトーク 「さらば2022年 来年もよろしく」 15～17時	**29** 閉所	**30** 閉所	**31** 閉所	

●まごころドーナッツ（中野区若者フリースペース）以外で実施する場合のみ、会場を表記しています。
●フリースペース登録者が対象です。（新規にプログラムからの参加を希望する場合は、プログラムの前に登録をお願いします）
●プログラムへ参加する場合は、事前予約が必要です。スタッフへお声かけいただくか、まごころドーナッツまで御連絡ください。
●参加人数等により、直前に予定を変更する可能性があります。あらかじめご了承ください。
●プログラムの変更・追加などがあった場合は、HPにてお知らせいたします。

まごころドーナッツ（中野区若者フリースペース）
東京都中野区中央1-41-2 みらいステップなかの（中野区子ども・若者支援センター）4F
11：30～19：00 火～土（祝日、年末年始を除く）※毎月2回、不定期で閉所日があります。
03-5937-3664
https://nakano-wakamono.space/

若者フリースペースのプログラム

子ども・若者支援センター内の相談室（「中野区児童相談所」のパンフレット）

「子ども若者相談」のパンフレット

神田川沿い街歩き

リーフによる空間づくり

リビングスペース（若者フリースペース内）

マイスペース（若者フリースペース内）

　いずれにしても、児童福祉課（児相）は子ども・若者支援センターに属することにより、すこやか福祉センターとも連携して様々な社会資源をケースワークに取り入れている。また、母子一体型のショートケア事業を含め、他の自治体ではあまり取り組まれていないサービスを組み合わせて利用につなげている（横の連携）。また、施設や里親を離れ18歳を超えた若者の支援へも継続してつないでいくことができる（縦の連携）。

○中野区の子ども・若者相談課で行っている若者支援について

　あらゆる相談を受け付け、継続的な相談を行う若者相談と、若者に安心して過ごせる場所や社会参加の機会を提供する若者フリースペースがある。若者のニーズに合った支援を行えるよう対応している。

● 若者フリースペースを使った支援について

　若者フリースペースは将来への不安や生きづらさ等を抱える若者が社会的に孤立しないよう安心して過ごせる場所である。またここでは様々な出会いや経験を通じ、エンパワメントを高め、若者フリースペース内外での活動に繋がるよう支援している。フリースペースについては、登録時に個別面接を行う中で、個々に適した利用方法を本人と一緒に考えていく。そのうえでプログラム参加や他者との交流等を通じて新たなニーズの発見や目標を獲得していくようにしている。

若者フリースペースで行われる主なプログラム例は次のとおりである。

● テーマトーク

　様々なテーマをメンバーミーティングで相談して決める。過去に取り上げられたテーマとしては「ともだち」「はたらく」「情熱を抱くには」等であった。テーマトークは一つの答えを出す場ではなく、参加者ひとり一人が自分の意見を述べ、メンバーの意見を受け止めることを第一の目標にしている。その際

「他者の意見を否定しない」「アイメッセージで話す」ことを大切にする。スタッフは進行役を務め、必要に応じて提案や介入を行う。

● **ボイストレーニング**

　　参加者たちが声に関する悩みや困りごとを出し合い、共に改善方法やトレーニング内容を考え、その後具体的なトレーニングを実施してみる。

　なお、国は「児童福祉法の一部を改正する法律（令和4年法律第66号）の概要」において児童自立生活援助事業の対象者等の年齢要件等の弾力化を図るため、現行の22歳までの支援を「満20歳以上の措置解除者等で高等学校の生徒、大学生その他のやむを得ない事情により自立生活援助の実施が必要と都道府県知事が認めた者」としている。

7.6 ｜ 豊島区児童相談所

［健康相談所がある複合施設／メール、電話による取材／令和4年12月20日、
令和5年1月18日］

　注目される同一建物内にある母子保健部門、外部にある2か所の子ども家庭支援センターとの連携・協働。

　7番目の特別区児童相談所が令和5年2月にオープンした。場所は豊島区長崎3丁目6番24号で旧長崎健康相談所跡地になる。建物は地下1階、地上3階建てで1階部分には長崎健康相談所と消防団施設、2階と3階部分に児童相談所が入る複合施設となっている。

　児童相談所設置後の児童相談体制については、区内2か所にある子ども家庭支援センターと児童相談所を一体化することなく、子ども家庭支援センターは、見守り等在宅支援を中心に行う役割を担い、虐待等重症度の高いケースは児童相談所で対応することになる。

　また、児童相談所、母子保健部門、子ども家庭支援センターによる連携の強

みとして、各機関の相談ノウハウを共有する中で、子ども・家庭に迅速かつ適切な支援を行うなど、既存の特別区にはない新たな相談支援体制の構築が期待される。

7.7 ┃ 葛飾区児童相談所開設準備室

［令和5年9月19日取材（10月1日児童相談所開設）］

　特別区8番目の児相はいったいどのような構想の下に、どこの児相をモデルとして業務を始めようとしているのか、興味を持ったので早速、葛飾区児童相談所開設準備室に取材を申し入れたところ快く引き受けていただいた。

　京成立石の駅から徒歩約12分と近い。周囲は高層マンションもなく静かな住宅地の一角にあった。取材当日は内覧会の日で、合計4日間行われるという。午後の最後の回に参加したが、広い会議室の半分以上に見学者が入っていた。開設準備室長の森氏のあいさつと配布されたカラー刷りの児童相談所のパンフレットに沿った説明に続き、施設内の見学を行った。1階部分は事務室と相談室、心理室があり、PCITが可能な部屋や幼児を連れての相談の場合に備えた幼児用の椅子と机がある部屋や待合室にはプライバシーに配慮した衝立があって来談者への細かい気遣いがうかがわれる。2階と3階部分は一時保護の居室等の部分になっている。学齢児の居室はすべて個室でプライバシーが守られるようになっているほか、ミニ体育館、遊戯室、食堂、学習室、くつろげるラウンジも設置されていて、ゆとりのある空間を生み出している。また、児相の目の前にある公園を利用したり、バスハイクのレクレーションも予定している。

　全体的に明るく、使いやすく、わかりやすい建物構造になっていて相談に訪れる区民に利用しやすいとの印象を強く受けた。また、内覧会で区民に対して一時保護所を含め施設・設備のほとんどをオープンにしたことも画期的で、子どもたちが安心して生活できる施設であることを多くの方に知っていただきた

いという区の姿勢が感じられた。4日間の見学者の合計は1,600人に上ったという。この関心の高さはそのまま、葛飾区児童相談所への期待の表れと認識した。

　葛飾区の児相の特徴としては、児相と子ども総合センターを同一建物内には配置せず、あるいは組織統合も行わず従来どおり別々の場所としながら児童相談部という同じ部においてそれぞれのサービスをより一層充実させ子どもたちの支援を行っていく方式を選択した。このことは今後開設する区児相のモデルにもなる。

　パンフレットによると、平成23年7月に市区町村子ども「家庭総合支援拠点（子ども家庭支援センター）」と「子育て世代包括支援センター」の両方の機能を同一場所で実施する施設として健康プラザかつしかの2階に「葛飾区子ども総合センター」が誕生し、「子育てひろば」「親子カフェ」、各種イベントの開催等により子育て支援を行ってきた。開設後も車の両輪のごとく、区児相と連携・協働して行っていくことになる。今後とも虐待通告への対応は両機関でスムーズに連携していくことが大事である。そのためには、場合によって対面ないしはITによる拡大（緊急）受理会議といった方式を導入することも必要であろう。

　最後に森開設準備室長に区児相の目標についてお聞きしたところ「基礎自治体である本区が児相を開設することにより、区民に身近な存在として相談しやすい児相となるとともに地域の見守り力の育成を図り、区のさまざまな部署とも連携しながら子どもたちの将来を守る重責を担っていきたい」と話されていたことが印象的であった。また、職員の意気込み、区民の期待を受けて言えることは「葛飾区児童相談所」のパンフレットの表紙にある「かつしかの子どもは葛飾で守る、それは葛飾区の誇りです」に表れていると思った。

　以下の7画像は葛飾区の提供による。

建物の外観

待合室

相談室

一時保護所ラウンジ

一時保護所学習室

一時保護所食堂

一時保護所遊戯室

139

なお、今後の東京都23区内の設置予定であるが、令和5年10月時点で次のとおりである。

- 設置予定6か所：新宿区、文京区、北区、品川区、大田区、杉並区
- 設置の方向で検討中6か所：千代田区、中央区、台東区、目黒区、墨田区、江東区
- 設置の有無を含めて検討2か所：渋谷区、足立区

また、中核市（対象62市）の設置済は横須賀市、金沢市、明石市、奈良市の4か所に留まっている（以上、平成5年度全国児童福祉主管課長・児童相談所長会議資料より筆者加筆修正）。

7.8 まとめ

計6か所の区立児童相談所を取材したが、印象として残っているのは、次の点である。

(1) 各地の児童相談所を見学し参考にしながらも、結局、その区独自の歴史や地域性を踏まえてつくられている。施設設備の点では似ていることが多かったが、児童相談所の組織やシステムはその区にあった特色を生かそうとしている。

(2) 母子保健との連携・協働について参考になる豊島区児童相談所は開設したばかりで同一建物内にある健康相談所との関係については把握できなかった。私が保健所に勤務した経験では、児相と母子保健分野との連携が上手くいけば大きな力を発揮できる。保健師は医学的知識や保健の技術を持ち。身体を見ながら発育や健康状態についてアドバイスができる。この対人保健サービスの技術は支援する上でのメリットが大きい。いくつかの児相では保健師が

配置されているが内部での支援の調整や外部の医療機関や保健センター、保健所とのパイプ役としても重要な役割を果たすだろう。

（3）アウトリーチとは従来、遠距離や疾病、障害、家庭の事情等のため相談機関などに行きにくい場合に相談機関が家庭訪問や身近な場所に出向いて支援することを意味していた。しかし、三品氏によると、「サービスや援助が必要であるにもかかわらず、自発的にサービスを求めようとしない人々を発見し、その人々にサービスの必要性を伝え、サービスを提供することを行うこと」と位置づけている。これは児童相談では虐待通告に対する「介入」が該当する。いくつかの特別区児童相談所では里親支援事業に関して乳児院と委託契約を結び、里親制度の普及について乳児院の持つノウハウを活用している。この場合、里親や里親希望者が集まりやすい児童相談所をキーステーションとして、乳児院の職員を駐在させ里親フォスタリング事業（リクルートや里親・里子のマッチング、研修事業等）を行っている。また、この他にも、委託契約により関係団体が保護者にとって通いやすい児相に出向いて保護者支援プログラムを行うなど、地域から児相にアウトリーチする形が行われている。今後の動きに注目したい。

その他の区児相の特色は第8章以下で述べることとする。

第8章
地域の社会資源との連携・協働

8.1 児相が地域（家庭）にアウトリーチする

（1）家事・育児支援及び地域の社会資源との連携・協働（荒川区子ども家庭総合センター（児童相談所）他）

　ホームヘルプ・サービスは都道府県の児相にとっては市町村の仕事であり、児相のケースワークとの関連は薄かった。そこで、どうしても支援にタイムラグが生じてしまう、これに対してセンター化された児相では即対応でき、手ごたえを受け止めることができる。

　各区において民間団体への委託により家事援助や保健師による妊産婦に対する乳児家庭全戸訪問事業による育児支援等を行っているが、そこからの情報の共有ができる仕組みが出来ている。荒川区子ども家庭総合センターでは区内にある子ども食堂の責任者と児童委員も参加する連絡会議を定期的に開き、情報の共有を行い、支援を必要とする家庭の早期発見、早期対応に努めている。きっかけは、もともとある子ども食堂に社会福祉協議会、スクールソーシャルワーカー、児相の児童福祉司が貧困による子どもの食の提供の必要性、孤食防止、孤立による居場所の確保を行うために、相談に来ている子どもを紹介したことから始まった。荒川区では子ども食堂は児相をはじめとする関係機関が支

援するかたちで重要な社会資源となっている

(2) 直接アウトリーチする児相（板橋区子ども家庭総合支援センター（児童相談所））

　板橋区では子ども家庭総合支援センターの特色の一つとして子ども家庭総合支援拠点を担う支援課に子育て支援と相談機能を担う2つの係が置かれている。前者は管理・サービス調整係である。ここでショートステイ、育児支援ヘルパーの派遣、ファミリーサポートセンター業務の民間委託と利用手続きを行っている。後者は相談支援係で、子ども家庭支援センターで行っていた子育て相談として、子ども自身からの相談、子育ての不安や悩み、困っていることやわからないことなど、子育てに関する保護者からの相談等を行っており、在宅での子育て支援、見守りの重要な要の役割を果たしている。こういったケースの中から上記の支援サービスに結びつける場合もある。

　これとは別に、要保護児童対策地域協議会（以下要対協）をはじめとする地域の関係機関との連携を専門に行い、問題の早期発見、早期対応が行えるようにする地域における子育てのリスクマネジメントの要となる「地域連携推進係」を設置している。

　ここでは、要対協を運営する事務局を管理し、要対協の機能の一つである実務者会議を専ら行っている。

　板橋区の特徴としてはこの実務者会議を「集合型」と「アウトリーチ型」の2つに分けきめ細かく支援していることだ。

　集合型では約20ある中学校区を1つの単位として、1つの中学校区内にある保育所や小学校といった関係機関の代表者が会議を定期的に持ち情報を共有しながら、出された意見に基づき担当の相談員や児童福祉司とも情報の共有を図っている。

　一方、アウトリーチ型では地域連携推進係の職員が2人1組のペアとなり約3か月間でおよそ370ある関係機関を個別に訪問し、園長や校長などの機関の代表者等と面談し要支援対象児童の情報の他、気になる児童や家庭の情報を共

144

有し、児童虐待のリスクが高いと判断されるケースは子ども家庭総合支援センターへの通告を促すなど早急な対応措置をとっている。

　なお、また、見守りによると判断されたケースはその着眼点やリスクを見逃さない点について助言を行い児童虐待など重篤な状態に至る前の予防や未然防止を心掛けている。

　なお、板橋区では関係機関向けに児童虐待等のチェックポイントや初動対応について取りまとめた「児童虐待防止対応ガイドライン」を制作・配布しておりアウトリーチの機会に説明・確認を併せて行うことで、各機関による見守り機能の強化にも取り組んでいる。

　集合型とアウトリーチ型の組み合わせと適用期間については次のとおりである。

　年間を四半期ごとに区分して交互に設定している。

8.2 ┃ 地域（民間団体）が家庭にアウトリーチする家庭訪問型子育て支援ホームスタート

　従来は、子育て支援を受けるために保護者はその事業を行っている場所（相談窓口、子育て支援センター等）に行かなければならなかった。しかし、よく考えるとそういったニーズのある家庭は必ずしもアクティブに行動するとは限らない。こちらからデリバリを行ってでも家庭に入り保護者に寄り添う形で子育ての手伝いをすることが必要な場合がある。

　特定非営利活動法人ホームスタート・ジャパンのスキームとして日本各地で

展開する家庭訪問型子育て支援ホームスタート事業について情報を得るとともに関係者から話を聞いた。

　この事業については埼玉県では県が支援を行い推進協議会がつくられている。また、ホームスタート・ジャパンの支援拡充プログラム開発レポートによると「乳幼児がいる家庭に、研修を受けた地域の子育て経験者が、週に1回2時間計4回程度無償で訪問し、「傾聴」（親の気持ちを受け止めて話を聞くこと）と「協働」（親と一緒に家事や育児、外出などをすること）を行う家庭訪問型子育て支援ボランティア」と位置づけている。

　主な対象は以下のとおりである。

- 地域子育て支援拠点事業に行きたくても行けない親子・気疲れするなど行きづらい親
- 乳児家庭全戸訪問事業では継続したケアができない心配な非困難家庭
- 養育支援訪問事業では対象とならない気がかりな家庭（グレーゾーン）
- ファミリーサポートセンター事業では対応できない親自身への支援、有料支援が利用できない家庭

　他に多胎や年子、障がいや病気のある親や子ども、経済的に余裕がない家庭、仕事や介護と育児の両立で余裕がない親、外国人の親などを対象としている。いわば、公的制度等の支援のすき間にいる家庭となっている。

　今回はNPO法人子育てサポーター・チャオ代表、ホームスタート・こしがやオーガナイザー近澤さんからお話を伺った（令和5年4月27日）。

　ホームスタート・こしがやの運営は市から委託を受けてNPO法人子育てサポーター・チャオが行う様々な子育てサロン、親子教室事業の一環として行っている。

　現在登録しているホームスタートのホームビジターは39人で保育士の資格を持っている者もいるが、この事業は保育士等の資格の有無にかかわらず、一定期間の研修を受講すればホームビジターとして活動できる。

　研修内容について子育て支援訪問ボランティアの募集パンフレットを見ると、まず事前の説明会を行った後で申し込みを受け付ける。2023年の養成講座の日程は9月3日から11月29日までの通算13日間となっていて、講座内容は「ホームスタートの意義と役割」「家庭とは何か・親とは何か」「子どもの理解」等と基本的な知識から始まって「傾聴の意義と方法」「家庭で活動する上でのポイント」「ホームビジターの実務」など実践に役立つ内容を学習していくようになっている。講義は有識者やホームスタート・ジャパン認定講師、担当者が務めるほか、「ホームスタートこしがや」のオーガナイザーが中心となって行う。ちなみに受講料は無料となっている。

　ビジター希望の主な動機は子育ての大変さを経験したことを活かしたいということであるが、研修内容はかなり専門的で実践を踏まえたものであって、プライバシーへの配慮、アセスメントやリスクマネジメントも心得ていなければならず、単なる子育て経験者の素人を派遣するものではないことが分かる。交通費以外は支援については無償で行っている。活動の財源は子育てサロン事業の中のホームスタート事業から出費している。

　「産後うつ」や子育てに自信が持てず、子どもの泣き声が近所に聞こえることで虐待通報されるのではないかと戸を閉め切って閉じこもるケースもあるという。そういった保護者は地域で行っている子育て支援には自ら足を運ばない。

　これに対してホームスタートは、ホームページやパンフレットによりこのサービスを知った保護者が支援を申し込むとオーガナイザーが家庭訪問し、何をして欲しいか希望を聞いた上で、一緒に訪問内容を決める。次にホームビジターとオーガナイザーがいっしょに訪問し、訪問の日程等を決めビジターの訪問が始まる。訪問期間は週1回2時間で4回程度行うが、必要に応じて再度利用することもできる。支援の内容は上述したとおり、話を聞く（傾聴）と家事・育児を一緒になって行う（協働）からなる。まさに相手に「寄り添う」ことで利用者が子育てについての自信を取り戻したり、引き出すことが目的である。したがって利用者に代わって養育を行うベビーシッターとは異なる。あくまで

も「先輩ママ」としての子どもとのかかわりを見せて利用者が覚えていったり、傍について一緒にやっていくので利用者はビジターのかかわりを受け入れやすい。しかし、利用者の中には4回を終了しても自立できず、さらに支援を継続する必要がある場合があり、こういったケースは養育支援訪問事業につなげたり、保健師などの専門職の継続支援を行うこともできる。また、要保護児童対策地域協議会のメンバーになっているので、それぞれの関係機関との役割分担の中で動くことができる。

「ホームスタートこしがや」は直接児相との接点でかかわったことはないが、要対協を通じてケースによっては連携協働しているものもある。

課題としては地域にこの事業に協力してくれる人が減ってきているというこ

とで、マンパワー不足が今後懸念されることである。2つのことがポイントとなる。

　一つは、保護者からの申し込みがあった場合は、うつ状態や子育て疲労が重なっているケースも含まれているので、第一選択としてこの事業を選ぶことが適切かどうか初回訪問するオーガナイザーのアセスメントは重要なカギを握っている。充実した研修を受講したビジターは単なる「先輩ママ」としてのアプローチではないことは明らかであり、地域における子育て支援の一翼を担っていると思われる。

　もう一つは、児相の子育て世帯に対する家事・育児支援及び地域の社会資源との連携・協働について考えてみた。

　一見して同じようなアウトリーチと思われるが、児相を含めた公的機関が法令や制度にのっとってアウトリーチするのに対し、民間団体はニーズがあれば、これに応じて隙間を埋めるように行っていくことで、決して重複する支援という捉え方ではなく、質の異なる、より一層きめ細かな支援が可能であり、支援の重層化になっている。

第**9**章
地域の施設を活用する：
親子ショートステイ・ショートケア

9.1 子育て短期支援事業（子どものショートステイ事業）

　国は従来の「子育て支援短期利用事業」を「子育て短期支援事業」と名称変更し、事業の一層の普及・利用促進を図る観点から事業の見直しを図った。実施主体は市町村（特別区を含む）とし、事業の一部を社会福祉法人等に委託できるとした。事業の種類及び内容は短期入所生活援助（ショートステイ）事業と夜間養護等（トワイライト）事業に分かれる。ここで取り上げるのは前者である。対象となる事由は次に該当するものである。

（1）児童の保護者の疾病
（2）育児疲れ、慢性疾患児の看病疲れ、育児不安など身体上又は精神上の事由
（3）出産、看護、事故、災害、失踪など家庭養育上の事由
（4）冠婚葬祭、転勤、出張や学校等の公的行事への参加など社会的な事由
（5）経済的問題等により緊急一時的に母子保護を必要とする場合

　利用の期間は原則7日以内とし、実施施設等については児童養護施設、母子生活支援施設、乳児院、保育所（トワイライト事業の場合）、ファミリーホー

ムで行うが、児童の近隣に実施施設がない場合はあらかじめ登録している保育士、里親等にも委託することができる。なお、場所としては委託された者の居宅又は当該児童の居宅に派遣して養育・保護ができるものとする（「子育て短期支援事業の実施について」平成27年5月21日一部改正）。

　この事業は本来、児相の事業ではない。しかし、東京都特別区にも児相ができて一気に児相の守備範囲に入ってきた。厚生労働省は令和4年の児童福祉法等の一部を改正する法律の中で「市区町村における子育て家庭への支援の充実」について「拡張」事業として「子育て短期支援事業」を挙げ、そこでは、「保護者が子どもとともに入所・利用可能とする。子どもが自ら入所・利用を希望した場合の入所・利用を可とする」となっている。この制度の利用例として、保護者の育児疲れ、子育て不安の解消に利用できると考えていることは従来どおりである。このために、「専用居室・専用人員の配置の推進、入所・利用日数の柔軟化（個別状況に応じた利用日数の設定を可とする）を進める」としている。

　前半部分は「親子の一時保護」の役割を持たせることが想定される。

　この制度とは別に近年、世田谷区や文京区、港区では産後ケアのために一時的に母子をステイさせる制度も出てきている。

　家族再統合事業とは異なり、要保護家庭ではなく要支援家庭に適用でき、不適切な養育から虐待へ及ぶことを早期対応という形で予防措置として使える。児相としては相談の内容に応じて、ショートステイか一時保護かを選択できる。

　一方、国が考えるような親子一緒にステイできる制度はあるのか。

○母子一体型のショートステイ（ショートケア）

　子どもと一緒にいるとイライラする、息が詰まりそう、その反面、子どもがそばにいないと不安になる、本当は子どものことを愛したいが愛せない、といったアンビバレンツな保護者の葛藤から解放するため、家から一時的に離れた場所で子どもと一緒に過ごし、そこに第三者が寄り添うことで緊張状態が緩和

され自分の気持ちや行いに素直に向き会えるようになっていく。

　ケアを積極的に行うタイプと見守られながら息抜きができるタイプに分けられた。

　中野区では、従来から行われている子どものショートステイ事業の他、次のようなサービスも行っている。

9.2 ┃ 中野区母子等一体型ショートケア事業

（1）対象者及び目的

　予期せぬ妊娠や経済的に不安定な状況、若年による妊娠や家族支援が得られない等の様々な課題を抱え子どもを育てていくことが難しい特定妊婦、育児不安や育児疲れから精神的な課題が見られる母親などを対象としている。

　母子生活支援施設において職員に見守られ、安心感を得ながら子育てや生活に係る相談をすすめ、助言・指導を行い、母子等の福祉の向上を図ることを目的とし、合わせて当該要保護・要支援家庭の養育状況の把握を行っている。

（2）サービスの内容

　利用中の母子に対して、保育室で一緒に過ごすことで、面接では把握できない母親の養育上の具体的な悩みや困りごとの把握に努めている。子どもとの関わり方や育児の仕方等の確認をするとともに既に出来ていることについて認めていくことで自己肯定感を上げ自信を持たせていくなどの心理的支援等を行う。また、子どもと関わりながら家事を行う要領など居室訪問時に家庭生活で必要な技や心がけを伝え、今後の在宅サービス導入のきっかけ作りにもなっている。また、本サービスは特別なプログラムやカウンセリング等は行っていない。実施施設に任せるだけではなく、利用中に家庭と主担当支援機関、関係機関との間で課題整理や役割の確認を行ったり、本サービス利用を契機に今後の社会資源の活用の組み立てなどの調整も図っている。

また次の民間団体では保護者のニーズの幅をより広げて親子一体型のショートステイを行っている。

9.3 ┃ おやこショートステイ「VOGUE千葉」

[令和4年10月24日取材]

　パンフレットの「疲れたら、休もう」のキャッチコピーがアピールする。そして、「日常や子育てに疲れた方などがほっと一息、休憩・宿泊できる家です。ここには、絶景も、美食も特別のもてなしもありません。それでも、日常に疲れたあなたの心がほんの少しだけ休まる場所でありたい。あなたの心を守る小さな防具（VOGUE）になりたい」と語りかける。

　この施設は県や国からの補助金なしで民間団体からの寄付と利用料で運営している。隣にNPO法人Zidonetが運営する里親のファミリーホームがある。

　主な利用形態はステイばかりでなくデイも可能であり、期間は特に限られていない。宿泊利用料は基本的に1泊4,000円（変更あり）。子どものみの利用を希望する場合は千葉市の子育て短期支援事業を活用することとなる。経営形態は民泊としての許可を取っている。

　千葉市中心部から少し離れた住宅地の一角にあり、隣が里親ファミリーホームとなっている。施設長の古川氏から話を聞く。

　平成30年にファミリーホームを立ち上げ運営してきたが、コロナ禍で行政の支援を受けられない孤立している家族からの相談が殺到し、ショートステイも満杯になり、そこで2年前からこの事業を始めた。既存の子育て短期支援事業（ショートステイ）では子どもだけ預かるが、親も含めたステイまでの需要があるのかについて早速訪ねてみたところ、端的に「ある」という答えが返ってきた。ネット上で公開されている予約カレンダーを見てもその心配はなさそうだ。そもそも保護者としては子どもを児童養護施設に預けることに違和感があったという。また、保護者側にも「誰かがそばについていてくれて休みた

い」というニーズがあり、隣にファミリーホームがあるので、そこの職員が話し相手に乗ってくれる安心感があるため、そういったニーズを満たすことができる。

　例えば、親子で来て自分は休みたい、風呂にゆっくり入りたい、その間、子どもの面倒を職員が見てくれる。いつも子ども相手にしか話していないので大人と話したい、母子家庭で親が近くに住んでいない、頼れる人がそばにいない、といった様々な理由からこの施設を利用している。必要があれば話し相手になってくれるという気軽さがこの施設の特徴である。したがって、ケアのためのプログラムは用意していないし、プログラムありきになってしまうからである。それよりもこの施設の果たす役目はゆっくり休み、自分を取り戻すことにあると古川氏は強調されていた。

　利用の申し込みはネットで情報を知って直接申し込む場合、市役所で情報を得てくる場合など様々である。

　利用者の受け入れについては、この施設の態勢では困難であると判断した場合には、お断りすることもあるという。食事は原則、自炊か持ち込みであるが、場合により提供することもある。職員体制は、看護師、保健師、保育士の他、本法人の会員となっている弁護士、小児科医、歯科医がボランティアで参加することもある。

　施設設備は子どもの遊ぶ部屋にキッチンが付いており、風呂場、トイレ、そして3つの居室があり、見晴らしの良い屋上には椅子とテーブルがセットされている。

　最初は子育てに疲れた親が子どもと一緒にステイすることに違和感を感じていたが、自分の家から離れ、誰かに見守られながら子どもと一緒に過ごすことで精神的な安定を取り戻し、子どもとのかかわりを見直し、自分を見つめなおす機会が生まれるのではないかと、話を聞いていくうちにその趣旨が分かってきた。

　子育てに疲れたといっても、子どもだけ残して保護者がステイできないので、一緒にステイしてある程度子どもの面倒を見てもらって自分は休養を取

炊事をしながら子どもを見られる空間

バスルームと洗濯場

居室例

見晴らしの良い屋上テラス

る、という使い方や、ステイしなくてもデイサービスとして使うこともできる。制度の制約もなく、特別な規律もなく、対象者を限定もしないし、プログラムの強制もない中で、自分なりの利用目的、利用方法ができてリラックスして帰れるという自由さが受けている。

　パンフレットにはほかに「家事・育児から解放されたい」「ワンオペ育児に疲れた」「産前・産後の時期、一人では不安がある」「仲間と一緒にお茶会をする」など様々な利用例が載っている。なにより、日頃のストレスを発散できる勝手気ままさが受けているのだろう。

　家族再統合プログラム・保護者支援プログラムと違って、既成概念にとらわれず、固定観念をぶち破る試みであり、まさに、ウェルフェア（弱者を対象とした福祉）ではなくウェルビーイング（よりよく生きる、自己実現すること）に焦点を当てた大人の「秘密基地」であり「居場所」となっている。

　子育てに疲れた保護者の「レスパイト事業」として定着するのではないかと期待している。

第10章
一時保護中の子どもの権利擁護と心理教育

　子どもの権利条約が国連において成立した。我が国がようやくそれを批准したことが大きい。この中に謳われていることの柱となる考え方は、「意見表明権」であり、「子どもの最善の利益」を保障することであって、批准により児童福祉法が改正され、文言が盛り込まれた。これによって、従来の「受動的権利」に加えて、「能動的権利」が明確に法律上位置づけられたことになる。子ども自身が考え行動する、大人はその子どもを尊重するという権利の主体としての子どもが保障されることになった。

　また、被措置児童等虐待の防止の具体的な取り扱いについて、国は「被措置児童等虐待対応ガイドライン」を示し、被措置児童等虐待に対して児童の権利擁護の取り組みの一つとして、児童養護施設等に入所する子どもに対し「子どもの権利ノート」を作成、配布し、その使い方を説明することが行われている。

　更に、埼玉県のある児童擁護施設では、棟ごとに「児童会」を定期的に開催し、子どもからの意見表明が行われる機会を保障している。更に、年度当初には当施設の子ども版事業計画の説明、権利ノートの使用説明等を行い、生活をしやすくするための児童に対する情報提供に勤めている。これに加えて、月1回個別面接を設け、個別に子どもとケース担当者が話す機会を設けている。

　また、職員間では「寮会」「運営会議」「役付会議」を定期的に開き、年4回「権利擁護委員会」を開催し、児童の権利擁護が守られているかを確認している。

埼玉県が児童養護施設等に入所
している子供に配布している子
供の権利ノートの一部

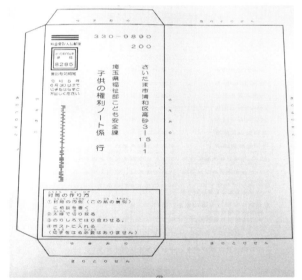

　埼玉県では子どもの人権を守る仕組みとして県子ども安全課に子どもから相
談できる専用相談ダイヤルを設置している。

10.1 ｜ 一時保護所における権利擁護

　被措置児童等虐待について、児童福祉法第33条の10により、また、「被措置児童等虐待対応ガイドライン」における「被措置児童等」の中に児童相談所の一時保護所に保護されている児童が含まれている。

　これを受けて平成30年に「一時保護ガイドラインについて」の中でも、子どもの権利擁護に触れ、「一時保護においても子どもの権利が守られることが重要であり、子どもの権利及び制限される内容並びに権利が侵害されたときの解決方法（職員への相談、意見表明できること、権利侵害の際の届出、不服申し立ての方法等）に関して子どもの年齢や理解に応じて説明を行う。その際、子どもの年齢に応じて理解できるような冊子を用意しておき、常に子どもが閲覧できるようにしておくことも考えられる」としている。その他、職員との適切なかかわりの中で意見表明されなければならないことや子どもの意見を入れることができる箱を用意する、相談を受け付ける窓口を設置する、第三者委員の設置、あらかじめ意見を書き込める用紙を手渡しするなど子どもが相談しやすい体制を整えることも考えられる、としている。

　「一時保護中の子供の権利擁護について」令和元年7月29日の通知では「一時保護された子どもについては、適切に教育を受けられるよう、里親の活用を含め委託一時保護を積極的に検討するほか、次の場合を除き、学校等に通園・通学させ、必要な支援を行うこと」他、「第三者評価を活用するなど自己評価及び外部評価を行うことが重要である」としている。

　では、実際の一時保護所ではどのような取り組みが行われているのだろうか。

10.2 ┃ 事例1：埼玉県の児童相談所

（1）一時保護所における権利擁護

　　意見箱を設け一時保護所での生活について自由に意見が言えるようになって
いるほか、様々な機会を捉え、一時保護所職員やケースワーカーが児童から意
見を聴いている。また、令和4年度、一時保護所の生活や処遇に関する意見・
意向を第三者委員に表明できる取り組みを南児童相談所において試行し、今年
度は更に熊谷児童相談所でも導入予定である。

（2）一時保護所における権利ノート

　　入所にあたって子どもに対し次の事項について権利ノートを使って説明して
いる。主な内容は「あなた（児童本人）の持っている権利」「みんなの持ってい
る権利」「一時保護所ってどんなところ」「生活の中で困ったときはどうしたら
いいの」など。

10.3 ┃ 事例2：荒川区子ども家庭総合センター（児童相談所）

（1）目安箱の設置

　　「目安箱」を設置し、週2回、意見表明支援員としての第三者委員が一時保護
所に来て意見箱に入れた意見について子どもから直接聞き取りを行っており、
一時保護所での意見表明が第三者に対し直接できるようになっている。また、
そういった仕組みを入所児童は知っている。

（2）通学支援

　　被虐待児以外の子どもについてはたとえ短期間であってもできるだけ在籍校
に通学させて学習する権利を保障している。小学生の場合、通学は職員が付き
添っている。

（3）学齢児の居室は個室対応になっている。

（4）令和４年度に実施した一時保護所の第三者評価では、子どもの権利擁護について「職員が子どもと話す姿勢には、上下関係のある指導者としてではなく、子どもの生活全般の支援者としての関わりを目指していることが現れていた。職員全体のそのような姿勢によって、子どもたちが職員に生活の中で言いたいことを言える環境が実現できており、一時保護所におけるアドボケイトの実質的保障の一端に触れられたように感じた。一時保護所におけるアドボケイトの在り方を検討するに際し、本保護所における子どもと職員の関係性は参考になると思われる」と高い評価を受けている。

10.4　事例３：港区児童相談所

（1）アドボケイトによる子どもの意見徴収

社会福祉士、保健師、保育士等の資格を有する者がアドボケイターとなり、定期的に一時保護所を訪問して子どもから意見を聴き、子どもに代わって、児童福祉司、児童心理司、一時保護所職員等に意見を伝え、支援や一時保護所の環境改善等に反映させている。

（2）子ども会議の実施

一時保護所の環境や集団生活のルール等について、子どもが中心となって話し合う子ども会議を週１回実施している。会議で出た意見や要望については、職員が検討し、改善を図っている。

（3）意見箱の設置

子どもがいつでも考えや気持ちを無記名で職員に伝えることができる。また、これにより、東京都の「子どもの権利擁護専門員」に意見を伝えることが可能である。

（4）入所のしおりの配布

子どもが入所する際、子どもの権利について記載されているこのしおりを用

いて、一時保護所の生活や権利擁護に関する説明を行っている。

（5）通学支援

通学できる場合は、学校との調整や通学同行などの必要な支援を行っている。

（6）一時保護所の第三者評価

子どもの権利が適切に守られているか、運営面、環境面から第三者機関による評価を受け、その結果をホームページで公表している。

10.5　事例４：中野区児童相談所

一時保護所は落ち着いた静かな環境にあり、児相とは別の単独施設である。定員は12名（男女各5名幼児2名）で男女各4室（内1室は2人部屋）となっている。居室以外の空間としてはリラックスルーム、ウェルカムルーム、プレイルーム、ラウンジ、和室が用意されており、ゆとりをもって児童が過ごせる空間を提供している。

東京都中野区児童相談所一時保護所に設置されている意見箱

その他の特徴としては以下が挙げられる。

（1）在籍校に対し児童の学習状況等の情報共有を行う

など情報交換を密に行い、可能な場合には在籍校への通学を行っている。

（2）意見表明を保障するために、各部屋や共有スペースに意見箱を設置し、第三者委員（弁護士、主任児童委員）が訪問し、月2回の聞き取りの機会を設けている。また、第三者評価も受けている。

（3）入所に当たっては「しおり」を使っての丁寧なインテークを行う。

「しおり」の内容は「一日のスケジュール」の他、「病気やけがをした」「気持ちを聞いてもらいたい」「勉強を教えてほしい」「意見や困りごとがあるとき」「一時保護所の人に話しづらいとき」など困ったときに誰に相談すればよいかが記載されている。

（4）子ども同士が参加し話し合う機会（いちほ会議）を持っている。また、個別に一時保護所長、係長に直接話をすることもできる。

（5）個別外出等生活支援事業として2週間以上の保護期間の子どもを対象に遊戯施設等（水族館、動物園等）への外出や買い物を職員同行により行っている。この場合は子どもと事前計画を立て、事後はアンケートを取って共に振り返りを行っている。

10.6 入所児童の心の安定を図る心理教育（埼玉県の一時保護所における取り組み）

　一時保護所に入所している子どもの多くは虐待などの厳しい家庭環境から安全な環境が保障されて安心した生活を送ることができる反面、例えば、どこから来たのか、何故ここに来たのか、名前で呼び合うことはできても姓を名乗ることはできない。また、一身上の事柄などプライベートな会話はできない決まりになっていて、言動の自由を制限された生活を強いられる結果となっている。このために埼玉県の児童相談所では、「心の授業」とも言うべき時間を設けている。そのプログラムの例として、「表情ビンゴ」「心の天気」「コラージュ」などゲーム、あるいは描画、貼り絵により表現し感情を発散できるようにしている。また、パーソナルスペース（心理的物理的に安全な他者との距離）の取り方については職員がまず歩いて近づき、安心な距離を確かめて見せ、次に子ども同士の組み合わせで行い、距離によって安心感に違いがあることを体験させる。そして、そこに相手が入ってきたときにどんなことをすればよいかを子ども同士で話し合いをすることもある。このことは人間関係の取り方を学ぶ基本となる。また、ストレッチや呼吸法の体験などのリラクゼーションや弛緩法の紹介も行っている。

　こういった取り組みについては県内の一時保護所の心理担当職員間で定期的に情報交換し研修を行っている。

第11章
司法関与のあり方

　令和元年12月21日、22日に神戸市で行われた、日本子ども虐待防止学会第25回学術集会ひょうご大会の公開シンポジウムS-10「目黒、野田事件の二つの命が私たちに託した緊急課題～加害者回復プログラム受講命令制度の必要性～」においてシンポジストは加害者回復プログラム受講命令制度の必要性と早急な立法化を訴えている。

　児童福祉法第28条は、親権者が施設入所又は里親委託を拒否する場合において子どもの福祉が図られないとき、児相が家庭裁判所に親権者の同意なく施設入所、里親委託ができるよう申立てを行い、これに基づいて家庭裁判所が承認するかしないかを決する、児相にとっては最後のよりどころであった。しかし、平成29年法律第69号の児童福祉法及び児童虐待の防止等に関する法律の改正で、申立てがあった場合は家庭裁判所が都道府県等に対して保護者指導を勧告することができることとし、都道府県等は当該保護者指導の結果を家庭裁判所に報告することになった。また、家庭裁判所は勧告した旨を保護者に通知することとしている（図11－1参照）。この改正について、勧告に基づいて児相が保護者にいわゆる2号措置（第27条第1項第2号）をとっている例は少ないと聞いている。最高裁判所の統計でも令和4年については第28条1項及び2項事件における保護者に対する都道府県への勧告は645件中16件に過ぎない。

　その理由は、この制度があくまでも法第28条を前提として設計されていることで使い勝手が悪いことにあるとの話をよく聞く。

何故か。言うまでもなく、児相は児童の福祉を守るために「最後の切り札」として家裁に承認を求めているが、条文では家裁は更に「児相に保護者指導の勧告を行うことができる」ことになる「できる」規定であることと、勧告は児相に対してであり、保護者に対しては児相に勧告したことを単に「通知した」ということで勧告や命令ではないことも制度の仕組みが中途半端であり法律としての拘束力は弱い。

　この改正部分を活かすとするなら、裁判所が児相に対する勧告を行う前に裁判所なりが保護者と子どもとの関係を直接見極める必要があるのではないかと思う。ではその手段はあるのかということであるが、家庭裁判所は非行少年に対して調査から審判に至るまでの間、教育的措置を行っている。そのプログラムとして、①社会奉仕活動、②被害を考える講習、③就労支援、④学習支援、⑤親子合宿などがある。これらのプログラムは少年を対象としたものであるが、中には虐待を行う保護者向けにアレンジできるものがあると思う。また、回復プログラムのメニューとしても使える。児童養護施設、児童心理治療施設での体験学習、かつて被虐待児であった大人とのピアカウンセリング、あるいは虐待経験者を参加させたセルフ・ヘルプ・グループなどを実施することが考えられる。

　プログラムを通じて評価を行い申請を承認するか却下した上で裁判所での継続的なプログラムの受講を命じるか、児相の2号措置を命ずるかを判断すればよいと思う。

図11−1　第28条のイメージ図（平成29年児童福祉法改正による保護者に対する司法関与）

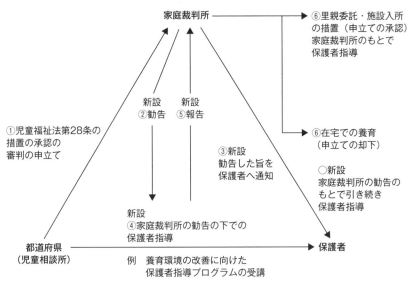

出典：厚生労働省ホームページより作成。

第12章

これからの児相は
何をめざすべきか：
現状と課題

12.1 ┃ さいたま市児童相談所（南部・北部）所長インタビュー

　次にさいたま市児相の南部、北部の2人の所長にさいたま市児相の現状とこれからの児相のあるべき姿を語ってもらった（コロナ禍の中で誌上インタビューとした）。

○さいたま市児童相談所　南部、北部の所長に聞く

　今、まさに児相は岐路に立たされていると思います。言うまでもなく虐待通告・相談の増加で職員のマンパワーをはるかに超えた業務量をこなさなければなりません。さすがに、国も一極集中から機能分散、最近は機能の一部外部委託（民間等）も視野に入れてきています。本来「相談所」であるはずの児相が虐待通告を受けて介入する「児童警察」になっているのではないかと私は以前から思っていました。そこでお二人の所長さんに児相が様々な取り組みをセンター内の関係機関と連携しながら行っていること、またこれからの児相のあり方などをお聞かせ願いたいと思います。

Q1：まず、南北の児相間で相談の件数や地域性、相談の傾向が違いますか。

A所長：さいたま市は県南部に位置し交通網が発達して人の往来が比較的多いところです。このため新住民の方も多く、児童虐待が発生してしまう要因の一つとして考えられる養育者の孤立があげられます。虐待通告の対応で、家庭訪問等を行った時に、転入して間もないために子育ての仲間がおらず、子育てについて困っていたが、相談先が無かったという話を聴くことも多くあります。そういった傾向は南・北児相で共通しています。

B所長：人口に関しては南部児相管内が多いなどがありますが、地域性や相談傾向は特に違いがないと思います。地域の子育て相談に関わる機関と連携を取りながらの対応が大切であると感じています。

Q2：子ども家庭総合センターができて4年目になります。こころの健康センター、総合教育相談室、子どもケアホーム、そして子ども研究機関を立ち上げました。総合センターの良さはそれぞれの機関が連携・協働して何倍もの機能が発揮できることだと思いますが。

A所長：子ども家庭総合センターは、子ども・家庭、地域の子育て機能を総合的に支援するため整備されました。総合相談窓口を設け、児童相談所をはじめとする専門相談機関を移転・集積し、連携を図ることにより、様々な問題に対応しています。掲げられた「総合相談機能」「地域の子育て支援機能」「企画・研究機能」「世代間交流・活動拠点機能」「専門相談機能」の5つの機能のうち、当所は専門相談機能の一部を受け持っています。総合相談機能の一部である、「ぱれっとひろば」や「なんでも子ども相談窓口」のように誰もが気軽に立ち寄れる場所から児童相談所につながっている事例もあります。

B所長：他の専門機関の職員と、顔を見ながらいつでもすぐに連携が取れるというのは、とても大きなことだと思います。離れていれば、メールか電話をすることになりますが、一緒にいることで、いつでも声をかけることが出来て、必要があれば、必要なメンバーが集まってすぐにケースの対応協議が出来るのが強みです。一緒にいることの大きな利益だと思っており、迅速な決定、対応につながっています。離れていたら出来ない事です。

Q3：最近の児相のケースの特徴を教えてください。また、苦労されている点がありましたら、お聞かせください。

A所長：まず、ここ数年の特徴といたしましては、警察からの心理的虐待の通告が増えていることが挙げられます。DVを認知した警察は、それを目撃した子どもへの影響を考え、心理的虐待として通告するものです。子どもへ暴力を見せることも虐待にあたるという考えです。しかし、近年とても件数が多くなってきていて対応に苦慮しています。

B所長：SNSを通して、子どもがさまざまな問題に巻き込まれてしまうこともあげられます。少し前にはなかった事象です。さらに家庭内における親子関係の不調という事案もここ数年多くなってきています。例えば、スマホや家庭内におけるゲーム機に没頭することで子どもが学校に行かなくなり、保護者との葛藤が強くなってトラブルを生じる事例も多くなっています。これは親子関係の不調の始まりの一例ですが、家族の歴史の中で必然的に発生することもあり、家族関係の調整に時間がかかることがあります。

Q4：若者世代としての心のケアホーム〔子どもケアホーム〕は高齢児童（高校生）の児童心理治療施設としてスタートしましたが、全国では珍しい施設です。どのような子どもが利用しているのでしょうか。どのようなところから紹介を受けて利用が始まるのですか。また、施設内での心理的ケアはどのように行われているのですか。

B所長：こころの傷つきや、生活の中での生きづらさを感じている中学校卒業以降18歳までの子どもを対象としたケアを行っています。入所につきましては、ご家族の方からの相談や、関係機関からの入所の相談をお受けし、児童相談所の介入が始まります。入所になる対象者は、家庭や社会に居場所がなくなり、虐待による心の傷や発達障害、ひきこもりなどにより心理的な困難を抱え、生きづらさを感じている子どもを対象としています。具体的な治療方法としては、医師や心理士によるトラウマ治療、SST（ソーシャルスキルトレーニング）や認知行動療法をもとに適切な人間関係の取り方や自己理解を深めると

ともに、リラクゼーションプログラムによるストレス対処方法の取得、学習支援を通じた進学支援、模擬面接や職場での振る舞い等、就労に向けた自立支援のためのサポートも行っています。また、退所後の一人暮らしを見据えて、調理プログラムや金銭管理、居室掃除等の自立訓練にも取り組んでいます。

Q5：東京都特別区では次々と児相が出来ています。各区の特性を生かしながらつくっていかなければならないと思いますが、その中で気が付いたのは東京都の場合、児相の他に従来から各区に「子ども家庭支援センター」があることです。この中には、虐待通告の第一義的機関としているところもあります。センターとのコラボの仕方は今のところ分かっているだけで3パターンあって、①従来どおり、児相と子家センは別々で連携する、②総合センターとして児相の中に子家センを取り込み児相の一機能とする、③総合センターの中で業務を共に行うが組織は別々で連携する、です。さいたま市児相は③だと思いますが、これからのさいたま市児相は総合センターとして、また地域との連携・協働についてどのように取り組んでいこうとしているのか、さらに児相の近未来像をお聞かせいただきたい。

A所長：さいたま市の場合は、令和4年4月から10区ある区役所の支援課に子ども家庭支援拠点が設置されております。〇どこに相談したらよいのか分からない、〇育児で心配なことがある、〇子どもといるのがつらい時、〇虐待かも知れない……と思う時等、お子さんやそのご家庭に関することについて、なんでも相談できる場所です。市民にとって身近なところで相談できるメリットがあります。また、支援拠点ではアウトリーチを行っており、支援が必要なケースには、支援拠点で支援を行うことで、虐待を未然に防ぐことが出来たり、また、軽微な虐待が深刻なものにならないうちに介入していくという、とても大きな役割もあると思います。こういった機動力が発揮できる児童相談体制がますます必要になってくると思います。

B所長：市民に身近な区役所で相談を受け、児童相談所では、児童相談所が介入すべき事案に専門的に介入していく。その中には、子ども家庭支援拠点と児

童相談所とで、事案を共有することもあると思うので、お互いに組織の特徴を生かせる連携が出来ると良いのだと思います。その中で、児童相談所は、家族再統合や保護者支援プログラムを実施し、その専門性を生かす取り組みをすべきであると思っています。各区の支援課には児童福祉係があり、職員3人態勢で相談を受けていますが、児相とは月1回連絡会議を開いてケース協議などを行っています。一方、センター総務課では「なんでも相談子ども相談窓口」を設け、センターで行う子育て支援事業等に来られた親子の中から相談を受けたり、養育状況に問題がある家庭を発見して相談に結び付ける等、早期発見、早期対応に努めています。さいたま市の場合、区支援課という市民に身近な相談ルートとセンターを利用する市民が相談しやすい場の提供という2つのルートから児童相談が成り立っており、不適切な養育や虐待などの子どもの権利侵害がおきないシステムがつくられ、虐待防止のすそ野が広がっています。このことが今後の児相にとって大事なことだと思います。

　さいたま市は浦和市、大宮市、与野市、そして岩槻市が遅れて合併して誕生した政令指定都市である。それぞれの市は古くから固有の伝統文化を有しているが、近年は東京都内への通勤圏として住宅を構える「埼玉都民」といわれている人たちが多く住んでいるところでもある。このため、旧4市はいわゆるベットタウンの地域であることに変わりがない。したがってさいたま市内部の地域カラーの違いは殆ど感じられなくなっている。このことが古くからある他の政令指定都市と異なる点である。10行政区には子ども家庭支援拠点が設けられ、ここに福祉職が配置されている。したがって、身近なところで子育て相談や虐待通告を受けることができ、家庭訪問などアウトリーチがしやすい。一方センター内にある児相は業務量の増大に伴い令和2年度に南北2つの児相に分割したがセンター内にとどまっている。どちらか一方がセンターから出るという考え方もあるが、そうすると新たな場所に移転した児相は今あるセンター機能は容易に使えなくなるデメリットを生じる。

　当面は児相としてセンター機能を利用しながら、区の子ども家庭支援拠点と

連携し虐待対応を行っていくことになるだろう。こういった2重構造方式は、新しく生まれる指定都市や児童相談所設置市のモデルになると思われる。

12.2 これからの児童相談所のあり方

　虐待通告の急増をきっかけとして、児相の相談のあり方が根底からくつがえされた。相談は「待ち」ではなくこちらから出ていく「アウトリーチ型」が必要になってきた。それは単なる通告への初期対応に限ったことではない。早期発見、早期対応、そして虐待「予防」ということにつながるアウトリーチでなければならない。問題をこじらせない、長期化させないうちに対応していく。「出前」の工夫によりニーズを汲み取っていく。そのためにはアセスメントと評価の重要性、在宅を含めた家族（再）統合プログラム、処方箋が出せる保護者支援プログラムの確立が急がれる。

　子どもの保護はなるべく短く、親子関係の修復は関係機関と総がかりで行う。

　以上述べた点を実現していくためには以下のことが重要になってくる。

12.3 介入と支援（ケア）を分離する

　介入もケアの一環と考える考え方もある（ただし東京都特別区の一部の区では一極集中型であり、児相の機能を持った子ども家庭支援センターと考えてよい）。単純にわけることはふさわしいことではない。最初の対立関係から保護者との協力関係を結んでいくプロセスを共に歩むことでケースワークが成り立つのではないか。分離するとそのケースワークのプロセスをたどることはできないという考え方に私も共感するところがある。しかし、現段階でこれがしっかりと実現できるのは特別区の児相に限られるだろう。それができないとなる

と、介入と支援（ケア）の分離もやむを得ない。

　以上の点を踏まえた上で、特別区の一部の児相を除いて次のような機能分離を考えてみた。

図12−1　機能分離例1：児相が通告、介入から支援（ケア）を行う場合

　児相は支援（ケア）の大部分を民間委託等に任せ、通告介入に視点を置くことになりやすい。

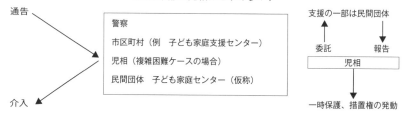

図12−2　機能分離例2：通告、介入は第三者機関が原則として行う場合
　　　　　（大都市部の児相はこれが多い）

　児相は危機管理と民間委託をしたケアのマネジメントを行い、自らもケアを行う。

図12−3　機能分離例3：介入部分は他機関が行い、その後の支援（ケア）については主に
　　　　　児相が行う場合（その後の対応も児相が行う）

　平成16年の児童福祉法改正により市町村が児童相談の第一義的な窓口となった。これを活かして主な市（町村は県福祉事務所か児相）に専門の担当者、

児童福祉司を配置するなどを行い、虐待通告受理と介入を行う機関とする。通告内容によっては児相の担当者が参加する、このことを徹底するだけでも児相の負担は減る。かつて、児童福祉法が出来た当時の児童福祉司を福祉事務所に駐在させるやり方である。ただし、通告→介入→支援をそれぞれ別の機関（団体）が行うのか、児相がすべてを行うのか等は児相の相談量、地域性に応じて選択されてよい。

　また、東京都の児相センターを中心とした支援システムも参考になる。例えば以下のようなシステム例が挙げられる。

図12－4　東京都の児相センターを中心にした支援システム例

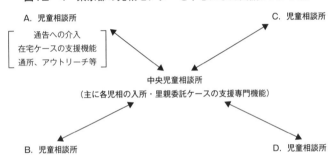

　中央児童相談所とその他の児相の機能分担を明確にすることも一つの方法である。なお中央児相は、他児相と同じ機能を持つが、管轄領域は少なくする。

12.4 ┃ 家族再統合・保護者支援プログラムの構造化

　1994年が国際家族年となった。その目的として「家族の重要性を強調し、家族問題に対する政府、国民の関心を高めることにより、家族の役割、構造及び機能に対する理解、家族の関心事、現状及び問題に対する認識を深め、もって家族の福利を支援、促進するための施策を助長する」としており、従来の「子ども個人」に焦点を当てた「児童福祉」ではなく、子どもを含めた子ども

の生活環境である家庭を支援することが重要であるという「児童家庭福祉観」という認識ができていったことも大きい。

　このことは当然、家族再統合プログラムにも反映されてくる。つまり、親子別々に再統合プログラムを行うのではなく、家族として一緒に行う。また、個別の治療指導プログラムレベルで捉えるのではなく、家族再統合を目指すという大枠でパッケージされた家族のやり直し作業の工程として位置づけていくことが必要である。作業工程では治療構造と治療プロセスの関係において評価を行うべきであり、その評価の客観性を担保し、プログラムの有効性を高めるため第三者による関与も大切な要素となってくる。

　埼玉県では詳細な家族支援評価シートを使用することにより、「総合評価と必要な支援」として導き出され、レーダーチャートとして表されるため家族の問題点や支援の効果が多面的かつ一目瞭然にわかるよう工夫されている。

　宮城県では「保護者支援プログラムに向けたケースワークの流れ」をケースの状況に応じてプログラム化して子どもとの交流実践で確認している。相模原市児童相談所では同じくプログラムに沿って再統合を行っていくが、信頼のおけるクリニックの力を借り評価に生かしている。中野区子ども・若者支援センターでは様々な社会資源との連携協働という横軸と若者世代への繋ぎと継続支援という縦軸プロセスの中で行っている。また、栃木県中央児童相談所では治療の構造化を縦軸にとり、ゴールに向かう期間を横軸にとるプロセスとなっている。東京都児童相談センターでは、他の都児相や区児相からの依頼を受けてケースの状況に応じて様々なグループワークをケアサポートの流れの中で行っている。

　国は民間活力を導入してこの事業の質を高め、同時に児相の忙しさもカバーしようとしている。今後はプログラムで使われる様々な技法の処方箋の確立が望まれる。

12.5 | 本当に「家族再統合事業」という言葉で括ってよいのか？見かけだけの家族をどうするか？

実は多くのケースは「再」統合ではなく単なる「統合」ではないか。

例えば、ステップファミリーや母子と同居を始めた内縁関係にある、あるいは母の交際相手の男性と母と連れ子の場合は、暮らしは一緒で、外形的には家族のようであっても、内実は家族としてのまとまりや人間関係がそもそもできていない場合がある。そこからスタートしている「家族」がある。したがって、これに対しては「家族再統合」ではなく「家族統合」事業と言わなければおかしい。もっとわかりやすく言えば「家族形成」事業ということだろう。したがって、家族再統合プログラムとは別のプログラムが必要ではないかと考える。

しかし、現状では保護者支援プログラムの中で両者を峻別するには至っていない。

家族再統合の「再」についても分離されたものをもとに戻すことを考えていくわけであるから家族再統合といってよいという考え方である。まず分離する前のスタート時点に戻すということからすれば「再→家族としての在り方をやり直す」という意味を込めてそのことを含んだ内容のプログラムを進める、ととらえていくことになる。

12.6 | 児相の多機能化、地域に根ざす児相、児相を含む様々な機関が構成するセンター化のメリットと注意点

東京都特別区児相を取材して児相の存在が区民に近くなっていると改めて認識した。

政令指定都市を含め、センター化により児相がかかわるソーシャルワークの裾野が広がった。子育ての住民サービスを通じて児相が介入しやすくなり、児

180

図12−5　児相がセンター化することの意義とメリットの例

［センター化前］

児相を介さないとお互いの役割が見えてこない。

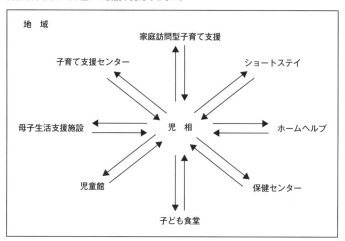

［センター化後］

　センター化により様々な社会資源を児相の身近に置くことによってお互いの「見える化」
が促進され、情報の共有、相互機能の活性化、支援の迅速化等により一般の子育て支援から、
要支援、要保護までつながることができる。

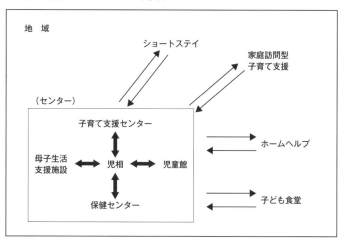

相にとって地域がより見えやすくなった。したがって住民ニーズが把握しやすくなった。これに対応する事業の視点は次の3つである。

● 親子ショートステイ（ショートケア）という視点

母子生活支援施設を利用し親子を宿泊させて短期治療を行っている。母親の子育て不安を解消し、子どもとのかかわり方を担当者とともに振り返り、適切な養育を学習させる。ショートステイを子どもだけ預けるのではなく親子ショートステイとして包括的に支援する。問題点の明確化、親子相互交流場面を活用したケアの実践を行う。また、近年は少子化の理由に晩婚化、晩産化が指摘されているが、例えば、出産後里帰りをしようにも母方の両親が高齢のため母子の面倒が十分見られないケースも増えてくると思われる。そこで産後ケアとしてのショートステイの需要が高まるのではないかと思われる。

● ホームヘルプサービスという視点

民間団体との協働により、家事支援の他にデリバリーサービスとして育児の具体的な相談支援を訪問して行う。子育て経験者を支援者として養成し、一定の研修を経てその子育て経験を支援に生かすという取り組みを行っているところもある。これは、民間団体による家庭支援サービスのアウトリーチのことである。

● アウトリーチするという視点

地域にとって児相という専門機関が相談に出向いてくれるということから児相への期待感が強まり、問題の早期発見、早期対応につながる。逆に民間団体が委託を受け、多忙な児相業務に協力するだけでなく地域サービスの発展のためにコラボするアウトリーチも増えている。したがって、アウトリーチは一方的ではなく相互により行われる。

一方、センター化すればすべて良いことずくめか。

センター内の各機関や業務が多ければ多いほど、管理が難しくなる。それがうまくいかないとセンター化は一種の「デパート化」になってしまう。センタ

一化はどこがどのようにマネージするかがポイントである。言うまでもなく各部門の組織の動きを有機的に管理できなければならない。港区児童相談所では子ども家庭支援センターとの間で1日2回のスクリーニング会議を実施している。また、さいたま市子ども家庭総合センターでは定期的に4部門のトップによる連絡会議を行っている。

　一方、それぞれの機関は相談業務等で多忙な日程をこなしている。その中で対面での会議の予定がとれない場合もあるだろう。その場合はITを活用し双方向の映像を通して遠隔会議によるケース検討や協議を行う方法も取り入れることは有効である。児相のセンター化を行う場合はそのコンセプトを明確にする必要がある。単なる複合施設としてではなく、センター内部で児相と他の機関が常に連携を行い、問題の早期発見、早期対応を行う。このため、身近な社会資源の活用がしやすくなる。

　しかし、複合施設の目的がすべて児相のためのセンター化ではない場合もありうる。

12.7　一時保護中の権利擁護と家庭復帰に向けての親子一時保護によるショートケア

　一時保護所は本来、児童相談所に併設された「施設」である。短期間の保護とはいえ、子どもを守るためには虐待の加害者としての親元から引き離すということは不可避である。反面、親子分離からくる子どもへのダメージがあるとすれば、そのことは極力少なくする必要がある。そのためには一時保護所における子どもの権利擁護は当然守られるべきことである。単に分離すればよいというだけではない。

　喫緊の課題は保護されている子どもの学習権をどのようにして保障していくかであろう。この問題は現在、通学校への登校サポートにより解決されつつある。また、居室環境、意見表明権等支援プログラムを実施すること、一時保護中に虐待の無い、守られている当たり前の生活を体験できることが必要であ

る。同時に親にとっても子どもとの関係や自分の行ってきたことを見つめなお
す大切な機会である。生活環境の改善は親子にとってケアの重要な一部分にな
っている。

　児相の一時保護所では難しいが、児童養護施設では子どもを措置あるいは一
時保護から家庭復帰の段階で親子がステイし家族関係の修復を見極めることを
すでに家族再統合事業として行っている。

　親子一時保護によるショートケアはそれらの実績を踏まえて制度化すること
は難しくない。

　ショートステイではなく「親子一時保護」であれば司法も関与しやすい。

12.8 児童虐待を依存症ないしはアディクションと捉えた場合のケアのあり方

　虐待は様々な要因（例　貧困、DV、ステップファミリー、ママ友、母親の
交際相手、子どもの発達障害等）が積み重なって起きることが多いと一般的に
は捉えられている。一方では、虐待の病理について改めて考えさせられた。虐
待を起こす原因のすべてではないと思われるが、虐待は一種の依存症ないしは
アディクションであるという捉え方がある。諸説によれば、依存症を分類する
と物への依存（アルコール、薬物など）、行為依存（ギャンブル、ゲームな
ど）、関係依存（パワハラ、いじめ、DV、虐待など）に分けられる。虐待を人
間関係における依存ととらえると自分の思いのままに子どもを操りコントロー
ルしようとすることが虐待へ発展することになる。港区児相の取材では、せめ
て自分と同じようなステイタスを子どもに要求するため一流大学を目指して勉
強等を強制し、自分の思いに子どもを縛り付けてしまう事例が報告されてい
る。また「虐待行為をやめたいという意志があるにもかかわらず、虐待が続い
ていたり、虐待することで虐待者の万能感が満たされ、被虐待者との歪んだ関
係が固定化しているようであれば、アディクションの枠組みでとらえて対応す
るのが望ましい。被虐待者に暴力を受けていることを隠そうとするなどの共依

存的な行動が認められればなおさらである」との指摘がある（『事例から学ぶアディクション・ナーシング：依存症・虐待・摂食障害などがある人への看護ケア』より）。

　児相では虐待する親が例えばアルコール依存、薬物依存やギャンブル依存であったりする事例に時々出会うが、こういう家庭環境の中で虐待を受けた子どもが負の連鎖により虐待行為を行う可能性があると指摘されている。しかし、虐待行為が依存症によるものであると果たしてどれだけ多くの関係者が認識しているだろうか。

　アルコール依存症、薬物依存症の治療はその依存対象物との関係を、まず断つことから始める。虐待も依存することによって被害を受ける子どもを避難させる、すなわち、虐待も依存対象物（被虐待児）との関係を断ち切ることから始まる。しかし、再統合を目指すことが、他の依存症との決定的な違いであろう。依存症は服薬とか、個別カウンセリングだけで治そうとすることは難しい。依存症からの脱却を図ろうとする者同士が共に支え合うということが重要である（例：各種のセルフヘルプグループなど）。その中で自分が行っていることに気づいていく。東京都児童相談センターで行っている父親グループを取材してこういった視点から虐待のケアを考え、問題解決の糸口を探っていく必要もあるのではないかと思った。この点を踏まえ、更に保護者支援の幅を広げる必要がある。

参考文献・資料

「あおきメンタルクリニック―地域のみなさまと家族の心に寄り添うメンタルヘルス―」パンフレット

青木豊（2012）『乳幼児－養育者の関係性：精神療法とアタッチメント』福村出版.

青木豊（2023）「乳幼児精神保健の臨床から―深刻な関係性の問題への評価と介入―」『こころの科学』229号，日本評論社.

青木豊（編著）（2019）『乳幼児虐待のアセスメントと支援（第2刷）』岩崎学術出版社.

浅井春夫（編著）（2021）『子どものための児童相談所』自治体研究社.

荒川区『令和3年度事業概要』荒川区子ども家庭総合センター（児童相談所）.

池田由子（1987）『児童虐待』中公新書.

石井光太（2023）『教育虐待 子どもを壊す「教育熱心」な親たち』ハヤカワ新書.

磯谷文明・町野朔・水野紀子（編集代表）（2020）『実務コンメンタール 児童福祉法・児童虐待防止法』有斐閣.

板橋区『子ども家庭総合支援センターのしおり』2022年（令和4年）版.

伊藤冨士江（編著）（2010）『司法福祉入門：非行犯罪への対応と被害者支援』上智大学出版.

犬塚峰子・田村毅・広岡智子（2009）『児童虐待：父・母・子へのケアマニュアル～東京方式』弘文堂.

井上景（2019）『行列のできる児童相談所：子ども虐待を人任せにしない社会と行動のために』北大路書房.

NPO法人全国児童福祉ネットワーク（Zidonet）『2021-2022事業報告（設立5周年記念)』.

大泉溥（編・解説）（2009）『日本の子ども研究：明治・大正・昭和（別巻1 近代日本の児童相談)』クレス出版.

興津真理子・早樫一男「家族造形法による空間的距離と質問紙による心理的距離との関連について」『心理臨床科学』第2巻1号，49-56頁.

奥田晃久・長田淳子（2021）『それでも児童相談所は前へ』都政新報社.

おやこショートステイVOGUE千葉「疲れたら、休もう。」ウェブサイト（http://vogue.zidonet.org）.

柏女霊峰（2010）「児童相談所運営指針通史」『子ども家庭福祉〈リーデングス日本の社会福祉第8巻〉』日本図書センター.

葛飾区「葛飾区児童相談所」令和5年8月.

川松亮ほか（編著）（2022）『日本の児童相談所：子ども家庭支援の現在・過去・未来』明石書店.

岐阜県（2018）『ダブルケアハンドブック―子育てと介護の両立を応援します―』岐阜県健康福祉部地域福祉課.

厚生省（1965）『昭和41年児童ケースワーク事例集（第18集)』18頁.

厚生省（1976）『昭和51年 児童相談事例集（第8集)』「序」.

厚生省（1983）『昭和58年 児童相談事例集（第15集)』「序」.

厚生省（1989）『平成元年 児童相談事例集（第21集)』「序」.

厚生省『昭和 25 年 ケースウォーク事例集』巻末 児童福祉司活動状況表.

厚生省『昭和 28 年 ケースウォーク事例集』附録 児童福祉司取扱件数.

厚生省・宮城県「心理判定による児童の理解」第 3 回全国児童相談所心理判定セミナー，宮城県中央児童相談所、宮城県総合福祉センター 昭和 48 年 5 月

厚生省児童局『児童相談所執務提要』昭和 52 年 4 月 30 日.

厚生省児童局『児童相談所執務必携 改訂』昭和 39 年 2 月 20 日.

厚生省児童局『児童相談所執務必携』昭和 32 年 3 月 30 日.

厚生省児童局『児童福祉マニュアル』昭和 26 年 3 月 31 日.

厚生省児童局『児童福祉必携―児童相談所、児童福祉司、社会福祉主事及び児童委員の活動要領―』昭和 27 年 2 月 1 日.

厚生省児童局（1998）『児童福祉白書：児童福祉法施行 15 周年記念』日本図書センター.

厚生労働省 全国児童相談所長会平成 29・30 年度調査『児童相談所業務の推進に資するための相談体制のあり方に関する調査』中間報告 子どもの虹情報研修センター研究部長 川松亮.

厚生労働省（昭和 29 年～平成 28 年）社会福祉統計年報及び社会福祉行政業務報告.

厚生労働省「市町村・都道府県における子ども家庭相談支援体制の強化等に向けたワーキンググループとりまとめの公表について」社会保障審議会児童部会社会的養護専門委員会.

厚生労働省『児童虐待を行った保護者に対する指導支援の充実について 児童虐待を行った保護者に対する援助ガイドライン』平成 20 年 3 月 14 日.

厚生労働省『児童相談所における一時保護の手続等の在り方に関する検討会とりまとめ』令和 3 年 4 月 22 日.

厚生労働省『児童福祉法第 28 条に基づく審判前の勧告等について』子発 0720 第 9 号，平成 30 年 7 月 20 日.

厚生労働省『平成 30 年度福祉行政報告例の概況 9 児童福祉関係 表 11 児童相談所における相談の種類別対応件数の年次推移』.

厚生労働省『令和 3 年度子ども・子育て支援推進調査研究事業 日本における保護者支援プログラムの普及・啓発に関する調査 事業報告書』令和 4 年 3 月，PwC コンサルティング合同会社.

厚生労働省『平成 27 年版 厚生労働白書』.

厚生労働省『児童相談所運営指針』平成 2 年 3 月～

厚生労働省『被措置児童等虐待対応ガイドラインについて』平成 21 年 3 月 31 日.

厚生労働省『一時保護中の子供の権利擁護について』令和元年 7 月 29 日.

厚生労働省『一時保護ガイドラインについて』令和 4 年 12 月 16 日改訂.

厚生労働省『親子関係再構築支援に関する取組事例集』令和 4 年度子ども・子育て支援推進調査研究事業 保護者支援プログラムのガイドライン策定及び事例収集のための調査研究，三菱 UFJ リサーチ＆コンサルティング 令和 5 年 3 月.

神戸市こども家庭センター 『笑顔を求めて－神戸の児童支援―令和 3 年度事業報告―』.

国際家族年に関する関係省庁連絡会議「国際家族年について」平成 6 年 12 月.

国立保健医療科学院（2014）『児童相談所における保護者支援のためのプログラム活用ハンドブック』平成 24 ～ 25 年度 厚生労働科学研究費補助金（政策科学総合研究事業）.

『こころの科学 214 号』（2020）「特集 児童相談所は今」日本評論社.

こども家庭庁「令和 5 年度全国児童福祉主管課長・児童相談所長会議資料」支援局虐待防止対策課，令和 5 年 9 月 7 日.

『子どもと福祉 Vol. 12』（2019）「特集 児童相談所の未来」明石書店.

最高裁判所事務総局家庭局「親権制限事件及び児童福祉法に規定する事件の概況」令和4年1月～12月.

さいたま市（2017）『平成28年度 さいたま市児童相談所事業概要』.

さいたま市「あいぱれっと」パンフレット.

埼玉県（1969）『昭和44年度 児童相談概要』埼玉県中央児童相談所, 25～27頁.

埼玉県（1972）『昭和47年度 児童相談概要』埼玉県中央児童相談所, 33～36頁.

埼玉県（1978）『昭和53年度 児童相談概要』埼玉県浦和児童相談所, 36～39頁

埼玉県（1996）『平成8年度 児童相談所業務概要』「はじめに」（「埼玉の児童相談」）.

埼玉県（1998）『平成10年度 児童相談所業務概要』「はじめに」.

埼玉県（2000）『平成12年度 児童相談所業務概要』「はじめに」.

埼玉県（2001）『平成13年度 児童相談所業務概要』「はじめに」.

埼玉県（2004）『平成16年度 児童相談所業務概要』「はじめに」.

埼玉県（2008）『平成20年度版 児童相談業務概要（平成19年度実績)』「はじめに」.

埼玉県（2014）『平成26年度版 児童相談所業務概要（平成25年度実績)』「はじめに」.

埼玉県『児童相談所紀要 児童相談所25周年記念』昭和47年4月.

埼玉県ホームスタート推進協議会『あなたの街で家庭に出向く子育て支援を』平成24年度埼玉県共助社会づくり支援事業.

埼玉県中央児童相談所（1953）『児童福祉のために 児童相談所5周年記念號』.

斎藤学（1999）『依存と虐待（こころの科学セレクション)』日本評論社.

才村純・澁谷昌史・柏女霊峰・庄司順一他（2005）「児童相談所における家族再統合援助実施体制のあり方に関する研究」『日本子ども家庭総合研究所紀要』第42集.

才村純・庄司順一・有村大士他（2008）「児童相談所における家族再統合援助実施体制のあり方に関する研究―実践事例の収集、分析―」『日本子ども家庭総合研究所紀要』第44集.

相模原市児童相談所『交渉プラン例』（説明資料）.

相模原市児童相談所『親子遊びの評価表（親子の相互交渉的評価)』（説明資料）.

相模原市児童相談所『令和2年度版事業概要』（令和元年度統計実績）.

佐久間寛之・松本俊彦・吉川徹（2023）『ゲーム障害再考：嗜癖か、発達障害か、それとも大人のいらだちか〈こころの科学メンタル系サバイバルシリーズ〉』日本評論社.

児童福祉法規研究会（編）（1999）『児童福祉法・母子及び寡婦福祉法・母子保健法の解説』時事通信社.

篠原拓也（2019）『児童虐待の福祉学』大学教育出版.

シャーマン，R／フレッドマン，N（1999）『家族療法ハンドブック』「第3章 ソシオメトリックな技法群」岡堂哲夫・国谷誠朗・平木典子（訳）, 星和書店.

「社会事業研究『社会事業9月號』」大阪社会事業聯盟, 昭和8年12月1日他.

政策基礎研究所（2018）『平成29年度子ども・子育て支援推進調査研究事業「保護者支援プログラムの充実に関する調査研究」保護者支援プログラムの効果的な実施に向けたマニュアル』政策基礎研究所.

『精神療法 Vol. 46, No. 5』（2020）「児童相談所よがんばれ◇その進化論」金剛出版.

全国養護施設協議会（2006）『子ども・家庭福. 祉の明日に向けて（第60回全国児童養護施設長研究協議会記念誌)』.

地球っ子クラブ2000（2007）『みんな地球っ子～話そう！遊ぼう！知り合おう！～親子の日本語活動集』.

東京都『子供家庭支援センター事業実施要綱』平成7年10月23日.

東京都『事業概要2020（令和2年度)』東京都児童相談所.

東京都『児童相談所のしおり』2020年（令和2年）版.

栃木県『業務概要 令和3（2021）年度の実績』栃木県中央児童相談所・県南児童相談所・県北児童相談所.

栃木県中央児童相談所『児童虐待における家族支援アプローチの特徴と統合』（説明資料）.

栃木県中央児童相談所『令和2年度家族支援事業一覧』（説明資料）.

特定非営利活動法人ホームスタート・ジャパン『地域の力で子育ての孤立を解消する 家庭訪問型子育て支援・ホームスタート（支援拡充プログラム開発レポート）』.

中野区「みらいスッテプなかの」案内パンフレット.

中野区『中野区子どもショートステイ事業実施要綱』2018年3月12日.

中野区『中野区母子等一体型ショートケア事業実施要綱』2020年2月25日.

信田さよ子（2015）『加害者は変われるか？：DVと虐待を見つめながら』ちくま文庫.

平野恵久（2022）『ルポ 多文化共生保育は今』東京図書出版.

藤林武史（編著）（2017）『児童相談所改革と協働の道のり：子どもの権利を中心とした福岡市モデル』明石書店.

ホームスタートこしがや『家庭訪問型子育て支援ホームスタート』.

保坂亨（編著）（2011）『日本の子ども虐待：戦後の「子どもの危機状況」に関する心理社会的分析（第2刷）』福村出版.

松下年子・吉岡幸子・小倉邦子（2009）『事例から学ぶアディクション・ナーシング：依存症・虐待・摂食障害などがある人への看護ケア』中央法規出版.

三品佳子（2011）「アウトリーチ支援の国際標準と新しい動向」『精神科臨床サービス』第11巻01号，星和書店.

みずほ情報総研株式会社（2017）『親子関係再構築支援実践ガイドブック（平成28年度先駆的ケア策定・検証調査事業）』.

港区「港区子ども家庭総合支援センター開設特集号 子どものいのちと権利を守るために」『広報みなと』.

港区『港区の児童相談』港区児童相談所 令和4年度（2022度）版（事業概要）.

港区『港区子ども家庭総合支援センターのご案内』.

港区『港区児童相談所のあらまし』令和3年10月・11月視察用（説明資料）.

宮城県『宮城県社会的養育推進計画の概要』（説明資料）.

宮城県『親子交流記録』他（説明資料）.

宮城県『保護者支援プログラムに向けたケースワークの流れ』（説明資料）.

三宅守一（1988）「児童相談所」厚生省児童局（監修）『児童福祉〈現代日本児童問題文献選集33〉』日本図書センター.

渡邊浩文・森安みか・室津瞳・植木美子・野嶋成美（2023）『子育てと介護のダブルケア』中央法規出版.

あとがき

　確か昭和45年頃だったと思う。当時大学3年生だった私は専修コースの心理学の科目で「心理学を業としている仕事の現場を調査する」ことが課題となったが、どこへ行けばそのようなところがあるのか全くわからなかった。そこで、先生に尋ねたところ「児童相談所」というところがあることを知り、埼玉県庁婦人児童課に電話をした。担当の方が丁寧に県中央児童相談所を紹介してくれた。そこが、駅を挟んで大学所在地と反対側にあることを知り訪ねた。わかりにくい道を駅から20分程歩いて真新しい児童相談所にようやくたどり着いた。担当の課長さんが対応していただき色々児相のことを説明してくださったが、その中で、今でも覚えているのは、ここは「児童を鑑別するところだ」という趣旨の言葉を聞き、少年鑑別所が一瞬頭に浮かび、「恐ろしいところだ」という印象を持った。それから1年半が経ち、埼玉県の心理職試験に合格し、配属先が中央児童相談所に決まった。県庁で辞令交付を受けた後、配属先に着いた時、その説明してくださった方が判定課長として直属の上司となったことが分かり、何か運命的なものを感じた。とてもやさしい方で右も左もわからない私をこの世界に導いてくださった。この方と出会わなかったら都内の自宅から片道2時間近くかけて通うことが続かなかっただろう。課長から様々なことを教えていただいた。面接の記録が入った録音テープを聴いてカウンセリングとはどういうものかをはじめて学んだ。また、小さい子どもを持つ母親が来た場合はプレイルームの中で子どもを遊ばせながら面接を行い、子どもの様子を観察しながら母親から話を聞き実感させるとか、「補助自我」という言葉を使って母親の気持ちを受け止め代弁する方法も学んだ記憶がある。また、「(心理)診断」を行うということはその後の「治療（現在で言う支援とかケアに該当する）に結びつくことを常に考えて（意識して）行かなければならない、と

191

いうことを話されていたことを思い出す。これらの手法や捉え方は大学ではなかなか学べない事柄であり臨床とはこういうものを示すのだと実感した。また、初めて中学生の登校拒否児と面接したとき「イメージ面接」という手法があると教えられ、成瀬悟策氏の『催眠面接法』を買い求め読み漁った。難しいケースに出会うと帰りに本屋により、参考図書を探したがほとんど見つからなかった。そこで改めて感じたことは、自分が本にも載っていないケースと出会っているんだな、まさに、時代の先端を走っているんだなということである。身震いをするほど感動し、上司の方々や先輩諸氏から学び自分で考えていくスタイルを身につけた。

　課長が度々口にされていた「専門家」とは自分が相手に名乗るものではなく相手が自分を「専門家」として認めるときに成り立つものだということも教えていただいた。その教えはいまだに私の心の中に生きている。

　新卒で児相に着任してから3年ほどたった頃だと思う。相談に来たある母親から子どもを連れてここまで来るのは大変だという話を聞かされた。当時、旧浦和市にあった中央児相は荒川を挟んで西側の志木、朝霞、和光、新座の4市も管轄していた。そこで、一番遠い新座市の担当者と相談し、上司の了解を得て月1回の市役所を会場とする巡回相談を始めた。主に療育手帳の判定に利便性を図ったが利用者には大変好評のようだった。そればかりでなく、いつも判定室やプレイルームにこもって仕事をしていた私にとって地域とはどういうものかを知る良いきっかけとなった。専門家ぶって生意気に仕事をしていた若僧である当時の私にとっては目から鱗が落ちる思いであった。その思いと経験が、この本のアウトリーチにつながっていると改めて感じさせられている次第である。

　児童相談所は今、進化し続けている。私が児相に新採として入職した当時に比べると格段の差だ。

　まず、職員の数がとてつもなく増えた。そして組織が複雑になっている。支援（ケア）のあり方も多様化してきている。それは、単に保護者支援プログラムが豊富になっただけにとどまらず、地域の受け皿も色々できてきた。例えば東京都特別区のように「子ども家庭支援センター」となって結実している。東京都においてこれだけの人口規模の自治体が児童虐待死事件を多発させていな

いのは「子ども家庭支援センター」が実質的な「第一児相」としての役目を果たしてきたからであろう。令和6年度から施行される予定の母子保健領域とドッキングした「子ども家庭センター」がどのようにして地域の子育て支援、虐待防止に役立っていくのだろうか注目し期待している。

　虐待通告相談がこれほどまでに増加しなければ、もしかしたら児相は今頃、福祉事務所の一部門に統合されていたかもしれないと思うと皮肉なものだ。

　児相の立ち位置は児童虐待の通告相談が今後どうなるかにかかってくる。また、それに伴って残りの特別区児相がどんな姿で登場してくるのか、それは楽しみでもあるし、今後の児相の行方を占うカギでもある。

　原稿を書いている途中、思い切って「児童相談所」という名称の看板を下ろしてみたらどうかと提案することも考えたが、一方では全国的にはまだ児童相談所として単独で充分機能を発揮しているところが多数あることも事実である。政令指定都市や東京都特別区のような児相が全国レベルで広がっていくとはまだ思えない。

　しかし、板橋区子ども家庭総合支援センターの所長が言われた通り、いったんつくられたセンターの機能を恒久化しないで定期的に見直す努力が必要である。

　また、民間の様々な団体が一時保護所の給食業務の委託から始まって、里親のフォスタリング事業、更には虐待通告に対する介入、その後の支援（ケア）に至るまで相談の核心にあたる部分についても児相の重要なパートナーとして機能していることである。児相はこれらの機関との間で、いかにして連携・協働を図っていくかが今後も問われていく。

　この本の構成は読み進めていくとわかると思うが、前半と後半では全く違ったものになっている。特に後半の部分はここだけ取り外して別冊として本にしてもよいくらいであるが、さらに急激に変わっていく児相を追い求めると歯止めがなくなるのでこの辺で区切りをつけ、児相の将来に期待を託すこととした。

　結びに、この原稿を書くにあたって、お忙しい業務にも関わらずご協力いただいた児童相談所関係者、その他の関係者の方々に厚くお礼申し上げる次第である。

◎著者紹介

平野　恵久（ひらの・よしひさ）
東京都出身。昭和47年埼玉大学教育学部卒業。埼玉県に入職（心理職）。埼玉県中央児童相談所をはじめとして児童相談所、精神衛生センター、婦人相談所、障害者リハビリテーションセンター、県本庁児童福祉課、同福祉施設監査員、保健所、福祉保健総合センターを歴任し、平成15年さいたま市児童相談所長、平成17年埼玉県社会福祉事業団児童養護施設いわつき施設長及びいわつき乳児院施設長、平成19年埼玉県南児童相談所長、平成21年定年退職。退職後は埼玉県社会福祉協議会経営相談員、平成24年埼玉大学大学院経済科学研究科博士前期課程修了（修士）、福祉専門学校講師を経て現在に至る。
著書には『ルポ　多文化共生保育は今』（東京図書出版、2022年）がある。

進化する児童相談所
——地域とともに歩むアウトリーチ型の連携・協働をめざして

2023年11月10日　初版第1刷発行

　　　　　　　　　　　　　　　　　著　者：平野　恵久
　　　　　　　　　　　　　　　　　発行者：大江　道雅
　　　　　　　　　　　　　　　　　発行所：株式会社　明石書店
　　　　　　　　　　　　　　　　　　　　　〒101-0021
　　　　　　　　　　　　　　　　　　　　　東京都千代田区外神田6-9-5
　　　　　　　　　　　　　　　　　　　　　TEL 03-5818-1171
　　　　　　　　　　　　　　　　　　　　　FAX 03-5818-1174
　　　　　　　　　　　　　　　　　　　　　https://www.akashi.co.jp/
　　　　　　　　　　　　　　　　　　　　　振替 00100-7-24505

装丁：金子　裕
組版：朝日メディアインターナショナル株式会社
印刷・製本：モリモト印刷株式会社

日本の児童相談所
子ども家庭支援の現在・過去・未来
川松亮、久保樹里、菅野道英、田崎みどり、田中哲、長佐古まゆみ、浜田真樹編著
◎2600円

児童相談所 一時保護所の子どもと支援【第2版】
ガイドライン・第三者評価・権利擁護など多様な視点から子どもを守る
山下英三郎、鈴木勲編著
◎2800円

児童相談所改革と協働の道のり
子どもの権利を中心とした福岡市モデル
藤林武史編著
◎2400円

児童相談所70年の歴史と児童相談
"歴史の希望としての児童"の支援の探究
加藤俊二著
◎2800円

児童養護施設 鹿深の家の「ふつう」の子育て
人が育つために大切なこと
綱島庸祐、川畑隆編 鹿深の家〈代表 春田真樹〉著
◎2800円

児童福祉司研修テキスト
児童相談所職員向け
金子恵美編集代表 佐竹要平、安部計彦、藤岡孝志、増沢高、宮島清編
◎2500円

児童虐待対応と「子どもの意見表明権」
一時保護所での子どもの人権を保障する取り組み
小野善郎、薬師寺真編著
◎2500円

迷走ソーシャルワーカーのラプソディ
どんなときでも、「いいんじゃない?」と僕は言う
山下英三郎著
◎2000円

子ども・若者の権利とこども基本法
子ども若者の権利と政策①
末冨芳編著・監修 秋田喜代美、宮本みち子監修
◎2700円

若者の権利と若者政策
子ども若者の権利と政策④
宮本みち子編著・監修 末冨芳、秋田喜代美監修
◎2700円

児童相談所・関係機関や地域との連携・協働
やさしくわかる社会的養護シリーズ⑥
相澤仁編集代表 川﨑二三彦編集
◎2400円

必携 市区町村子ども家庭総合支援拠点スタートアップマニュアル
鈴木秀洋著
◎2200円

事例でわかる 子ども虐待対応の多職種・多機関連携
互いの強みを活かす協働ガイド
中板育美、佐野信也、野村武司、川松亮著
◎2500円

子ども虐待 家族再統合に向けた心理的支援
児童相談所の現場実践からのモデル構築
千賀則史著
◎3700円

子どもアドボケイト養成講座
子どもの声を聴き権利を守るために
堀正嗣著
◎2200円

子ども家庭支援の勘ドコロ
事例の理解と対応に役立つ6つの視点
川畑隆著
◎2200円

〈価格は本体価格です〉